KB154207

그런 선거는 져도 좋다

그런 선거는 져도 좋다

전두환의 공功을 논함

이장규 저

기파랑

물가 안정은 가장 중요한 '정치'였다

이 책 『전두환의 공을 논한다』는 30여 년 전의 졸저 『경제는 당신이 대통령이야』(1991)의 개정판 성격이랄 수 있다. 전의 책이 사실의 정리와 기록을 위주로 한 실록적 성격에 충실했다면, 이번 책에는 전두환 경제에 대한 필자 개인의 생각도 함께 담았다.

이 책은 계획을 하고 쓴 책이 아니다. 전두환(1931~2021) 전 대통령에 대해서는 『경제는 당신이 대통령이야』로 충분하다고 여겨 왔고, 다른 대통령들의 경제정책에 관한 집필을 준비하고 있는 참이었다. 그러나 30년이나 지난 지금에 와서 하도 기가 찬 일들이 잇따라 벌어지고 있기에 다시 전두환 경제에 관한 글을 써야겠다고 작정한 것이다.

이 책은 전두환의 명예 회복 여부와는 전혀 상관없다. 다만, 그의 공과에 대한 논의 자체를 금기시하는 시류 속에서 그의 객관적 공적까지도 부인하고 폄하하는 풍토는 어떠한 이유로도 납득하기 어렵다는 생각으로 쓰게 되었다.

정치인들의 말이나 정치 공세는 감안해서 들어야 한다는 것쯤은 필자도 알고 있다. 특히 선거철에 떠들어 대는 무책임한 말들은 더욱 그렇다는 것도. 그러나 제20대 대통령 선거철을 맞아 전두환에 대한 그릇된 매도는 도를 넘고 있다. 정치적 이해관계를 떠나서, 이러다가는 역사 왜곡으로까지 비약될 정도로 심각하다. 2021년 전두환이 사망하면서 더 심해졌다. 대통령 후보가 전두환의 비석을 밟고 서서 '살인자' 운운하는 것을 텔레비전에서 보고 심한 충격을 받았다.

"죽음 앞에서는 말을 삼가는 법"(백낙청)이라 했다. 아무리 큰죄를 지었다 해도 사람이 죽으면 불문에 부치거나 관용을 베푸는 게 인지상정이다. 법적 쟁송도 피의자가 죽으면 더 이상의 재판은 없다. 노무현은 죽음으로써 영웅이 되었는데, 전두환의 경우는 반대 현상을 불렀다. 그의 사망이 과오를 덮기는커녕, 장례 문제를 놓고 정치적 시비가 불거지면서 전직 대통령으로서의 공과에 대한 객관적 논의 자체가 금기시되었으니 말이다. 현대판 부관참시다.

여야를 막론하고 전두환 관련 발언 한마디로 홍역을 치렀다. 윤석열 국민의힘 대선 후보는 "잘못한 것도 있지만 믿고 맡기는 용병술은 잘했다"고 한마디 했다가 곧바로 취소, 사과했고, 이재명 더불어민주당 후보는 "경제는 제대로 굴러가게 했다"고 했다가 그런 뜻이 아니었다고 해명하느라 진땀을 뺐다. 여론이라는 이름의 돌팔매를 얻어맞고 했던 말을 즉각 번복했다. 두 사람 모두 사실을 말하고서도 여론이 무서워 사과 소동을 벌였던 것이다. 넷플릭스 드라마 〈지옥〉의 '화살촉' 세력의 공격을 연상케 한다. 이 책을 쓴 필자에게도 어디서 화살촉이 날아올지 모를 일이다.

　정치인들은 그렇다고 치자. 언론의 보도나 논평도 별로 다를 바 없다. 정치인들이야 정치적 이해관계에 따라 견강부회한다 해도, 그래도 언론은 중심 잡고 시시비비를 가려 줘야 하는 것 아니겠나. 언론마저도 사실관계에는 관심이 없고, 어느 정치인이 전두환에 대해 어떤 발언을 했다느니, 또 어떻게 말을 바꿨다느니 하는 말 따라가기나 중계방송에 급급한 실정이다. 정치인의 말도 중요하지만 최소한의 객관적 사실관계는 가려 줘야 한다. 문제를 찾아서 논쟁을 유도하고 국민들의 궁금증을 제대로 풀어 줘야 할 언론마저 '화살촉'이 무서워 공과 논란을 스스로 기피하고 입조심을 하고 있으니 참으로 딱한 노릇이다.

　정치학자들의 무지는 한 술 더 뜬다. J대 이모 명예교수는 칼럼 「전두환은 과연 경제를 잘했나?」(2021. 12. 14)에서 "전두환이 경제는 잘했다는 데 조금도 찬성하지 않는다"고 단언했다. 한때 국회의원을 지내기도 한 이 교수가 정치적 이해관계로 이런 글을 썼다고는 생각하지 않는다. 그의 글을 읽어 보면 자신이 갖고 있는 낱개의 조각 지식만으로 전두환 경제정책을 한마디로 박살 내고 있다. 전두환 집권 시기에 한국경제가 좋았던 건 사실이나 그것은 전두환 정부가 잘해서가 아니라, 마침 레이건 미국 대통령이 원유 생산을 늘리고 그 결과 국제 유가가 떨어졌기에 석유 의존도가 높은 한국경제가 호전되었다는 것이다.

뿐만 아니다. K대 임모 교수는 대통령의 리더십 연구의 권위자를 자처하는 유명 정치학자다. 수년 전 어느 세미나 연사로 나온 그는 역대 한국 대통령을 여러 타입으로 분류하는 가운데, 전두환에 이르러서는 그의 리더십은 '무식의 힘'이라는 희한한 분석을 내놓았다. "대통령 자신이 무식했기 때문에 김재익이라는 전문가에게 일임했고, 다행히도 김재익이 잘해서 경제가 잘된 케이스"라고 잘라 말했다. 토론자로서 함께 그 세미나에 참석한 필자의 귀를 의심케 하는 대목이었다. 전두환이 무식한 게 아니라 임 교수가 무식한 데 놀랐다. 전두환 시대에 대한 공부가 전혀 없었다고 할 수밖에.

요즘 종편 텔레비전에 나와서 전문가연하면서 하루 종일 떠들어 대는 토론자들도 전두환 경제에 대해 무지하기는 마찬가지다. '3저 호황론'이 마치 정답인 양 사방에 전염되어서 프로그램마다 이 사람 저 사람이 같은 소리로 전두환 경제를 폄하한다. 전두환이 아무리 밉기로서니, 미운 것은 미운 것이고, 객관적 사실관계를 이처럼 왜곡해서야 되겠는가?

한동안은 전두환 경제에 대한 객관적인 평가 분위기가 있었다.

박정희 경제에 대한 긍정적인 평가가 살아나면서 전두환도 적지 않게 그에 편승해서 덕을 봤다. 물가 안정을 비롯한 경제 면의 치적을 긍정적으로 평가하는 소리가 여기저기서 나왔었다. 그랬던 것이 『전두환 회고록』의 내용을 둘러싼 시비가 확산되면서 갑자기 일방적 매도 분위기가 팽배해졌다. 지난날의 잘못이 클 뿐 아니라 반성도 제대로 않는 자에 대해서는 공과 자체를 따질 필요가 없다는 것이다. 그래서 경제적 치적 따위는 논란의 대상이 아니라는 분위기가 지배적이다.

하지만 역사라는 게, 정의의 스토리라고 해서 크게 기록하고 불의의 스토리는 찌그러트려 없애 버리는 건 아니잖은가. 한국경제 발전 과정에서 전두환이 집권한 7년여 동안에 집행되었던 정책들이나 경제적 사건들은 아무리 정치학자들이 그를 매도한다 해도 여전히 중요하다. 오히려 집권 기간 동안 권위주의적 정치 환경 속에서 어떤 경제정책들이 만들어졌는지에 관해 제대로 조명하고 객관적으로 분석하는 것이야말로 역사에서 교훈을 얻어내는 기본자세가 아니겠는가. 경제학자들이 입을 다물고 있는 것에 대해서는 논평할 가치조차 없다.

다른 분야에 대한 공과 논란은 주제넘게 필자가 관여할 바가 아니다. 하지만 경제에 관한 전두환의 행적과 생각을 현장에서 추적했던 저널리스트로서 더 이상 그냥 두고 볼 수는 없다고 판단했다. 시곗바늘을 다시 40년 전으로 되돌려서라도 작금에 횡행하는 사실 왜곡과 가짜뉴스를 바로잡아야겠다.

마지막으로, 전두환 경제가 경제 관련자들뿐만 아니라 정치학자나 정치인들에게도 제발 관심의 대상이 되었으면 한다. 거듭 강조하거니와 전두환 시대는 경제가 단순히 경제 논리만이 아니라 정치적 여건이나 리더십과 얼마나 밀접한 관계를 가지고 있는지에 대해서도 많은 시사점을 던져 주고 있기 때문이다. 전두환 시대를 경험하지 못한 젊은 세대에게도 조금이나마 도움이 되었으면 하는 마음 또한 간절하다.

책의 제목을 정하는 일은 그리 어렵지 않았다. 『그런 선거는 져도 좋다』는 선거를 앞두고 예산을 동결하는 데 반대하러 청와대에 몰려온 여당 정치인들에게 대통령 전두환이 호통치며 한 말이다. "예산 동결 때문에 선거에 진다면, 그런 선거는 져도 좋다"고한 것이다. 정치와 경제라는 두 대척점 사이에서 전두환이 경제를택했음을 상징적으로 웅변하는 직설(直說)이라 생각해서 책 제목으로 삼았다.

이 책에서는 경제 분야를 중심으로 전두환이 주도한 업적과공(功)을 적극적으로 평가하기를 주저하지 않았다. 그렇다고 해서과오에 대한 비판을 배제하지 않았다. 전두환 지지자 쪽에서 보면 책 제목에 혹했다가 오히려 크게 실망할지도 모르겠다. 전두환이 실제로 잘한 점도 많았지만 터무니없는 일도 많았다. 이 책은 사실과 자료, 그리고 관련자들의 증언과 회고를 통해서 나름대로 객관적으로 정리하고자 한 노력의 일단이다.

쓰는 동안 계속 불안해 하는 필자 자신을 발견하곤 했다. 그동안 책을 쓸 때마다 당근과 채찍을 주셨던 최우석 선배가 더 이상 곁에 없기 때문이다. 며칠 전에는 꿈에 나타나셔서 "이걸 책이라고 썼느냐"고 호통을 치시기까지 했다. 그래도 이 책을 그분의 영전에 바친다.

2022년 2월
이장규

차례

들어가는 말　물가 안정은 가장 중요한 '정치'였다 · **5**
서장　마지막 과오, 『전두환 회고록』 · **15**

제1부　"그런 선거는 져도 좋다"

지옥에서 시작하다 · **23**

경제 실정(失政)과 박정희의 종말 · **29**

안정화의 밑밥, 최규하 과도정부 · **33**

서릿발 국보위 · **36**

겁에 질린 재계 · **43**

깜짝 쇼 '500만 호 주택 건설' · **48**

문턱까지 갔던 중앙은행 독립 · **54**

전두환의 경제 공부 · **61**

"돈 풀자는 얘긴 꺼내지도 마라" · **68**

선생 김재익 · **73**

초유의 마이너스 물가상승률 · **80**

"선출된 대통령이 아니니까요" · **89**

총선 앞두고 예산 동결 · **95**

IT 강국의 초석, 전화교환 전자화 · **103**

야당도 반대, 금융실명제 좌초 · **111**

제2부　세 마리 토끼를 잡다

　　"이젠 수입이 선(善)이다" · **127**

　　불황의 늪 · **139**

　　전두환 리더십 · **146**

　　관치금융을 압도한 '정치금융' · **155**

　　부실을 쌓아 온 신군부 · **162**

　　'한국식' 부실 정리 · **167**

　　국제그룹 도산, 정치적 타살이었나 · **176**

　　해운산업 부실과 비자금 · **184**

　　명성그룹의 억울한 죽음 · **188**

　　단군 이래 최대 호황 · **197**

제3부　빛과 그림자

　　국격을 바꿔 놓은 88 올림픽 · **207**

　　재벌 규제는 5공이 원조 · **217**

　　노조를 민주화 세력으로 만들다 · **225**

　　가장 확실한 투자, 정치자금 · **238**

　　쌀 파동, 소 파동 · **250**

　　철밥통 공기업에 경쟁과 효율을 · **260**

　　붕어 낚으려다 잉어 낚은 LNG 도입 · **268**

　　친인척 관리만 잘했어도 · **274**

　　유효기간이 끝난 줄도 모르고… · **285**

　　나가며　'전두환 경제'의 회고와 정리 · **291**

　　부록　제5공화국 주요 경제사건 일지 · **300**

마지막 과오,『전두환 회고록』

전두환의 과오에 대한 심판은 오래전에 끝났다고 봐야 한다. 그는 역대 대통령 중에서 퇴임 후 가장 불행하게 살다 간 대통령으로 기록될 것이다. 대통령 집권은 두 차례(제11, 12대) 7년 남짓이었는데, 전직 대통령으로서 겪어야 했던 곤욕의 인생은 34년여였다. 백담사 귀양을 시작으로 수없는 재판을 거쳐 여러 차례 감옥과 법정을 오가면서 역대 대통령 중 가장 가혹한 단죄를 가장 오랜 기간 감당해야 했다. 그러고도 모자라 치매 상태에서까지 또 다른 죄목으로 재판정에 서야 했다.

어떤 사람이든, 특히 정치 지도자는 누굴 막론하고 잘한 일도 있고 못한 일도 있는 법이다. 대통령 전두환의 공을 논하기에 앞서서 먼저 짚고 넘어가야 할 것은 그가 저지른 마지막 과오다. 2017년에 펴낸『전두환 회고록』이 그것이다. 전 3권, 총 1,900여 쪽의 이 회고록은 출판 즉시 논란에 휩싸였다. 특히 5·18에 관한 부분이 문제였고, 결국 이것이 도화선이 되어서 전두환은 죽음을 앞두고 또다시 재판정에 서야 했던 것이다.

법정 시비는 잘 알지 못한다. 전두환의 장례식장에서 부인 이순자는 "남편의 재임중에 고통을 받고 상처를 입으신 분들에게 남편을 대신해서 깊이 사죄를 드리고 싶습니다"라고 말했다. 전두환이 진작에 이 정도의 포괄적 사과라도 자신의 입으로 했더라면 사정은 달랐을 것이다. 더 문제였던 것은 회고록 출간이다. 회고록을 쓰지 않았다면 세상을 떠나고서도 이처럼 매도당하는 일은 없었을 것이다. 물론 전두환으로서는 자기 기준으로 봤을 때 억울하고 분통 터지는 것이 어디 하나둘이었겠는가. 아무도 이해할 수 없는 켜켜이 쌓인 억하심정이 문제의 회고록을 쓰게 했을 것이다. 그러나 결과적으로 그 회고록은 저세상으로 떠나는 마지막 순간에 자신을 공격한 부메랑이었다.

제목을 '참회록'이라고 달지 않는 한 회고록은 변명록이나 자찬록의 범주를 벗어나기 힘들다. 자신의 잘못은 축소하고 감추고, 자신이 잘한 점을 키우고 강조해서 자신의 인생 행적을 되짚어 가며 재편집한 것이 대부분의 회고록이기 때문이다. 결국 자기 변명이요, 합리화요, 제 자랑의 범주를 벗어나기 어려운 법이다. 『전두환 회고록』도 크게 다르지 않았다. 일반 사람들이 알지 못했던 인사이드 스토리도 담겨 있었으나 왜곡된 사실이 적지 않았고, 자신의 치적을 강조하고 미화한 부분이 너무 많았다. 아무리 잘한 일도 남이 평가하고 칭찬해야지, 제가 나서서 자랑하고 자찬하면 신뢰도가 떨어지는 법 아닌가.

경제 분야의 공적도 다를 바 없다. 박정희에 이어서 명실공히 경제 대통령으로 치켜세워질 만한 공적을 세계적 전문가들로부터 인정받고 있는데도 불구하고 회고록은 자찬이 주류를 이룬다. 심지어 다른 분야의 왜곡이 경제 분야의 공적까지 의심케 하는 경우도 적지 않았다.

특히 집권 과정에 관한 회고는 사실과 너무 다르다. 최규하 대통령과의 관계를 비롯해 국가보위비상대책위원회(국보위)가 설치되는 과정, 자신이 대통령이 되기까지의 언급 등은 낯이 붉어질 정도의 사실 왜곡이 수두룩하다. 그 시대를 경험한 많은 사람들로서는 도저히 납득할 수 없는, 그야말로 '선택적 회고'이기 때문이다. 예컨대 자신은 권력에 대한 욕심과 거리가 먼, 오로지 충직한 군인이었으며, 최규하 대통령의 강력한 권유로 원치 않았던 대통령이 되었다고 말하고 있다. 차라리 "당시 극도의 혼란상을 극복하기 위해서는 내가 대통령이 돼서 강력한 리더십을 발휘해야 한다고 판단한 나머지 불가피하게 쿠데타를 감행했다"고 고백했더라면 훨씬 설득력이 있었을 것이다. 더구나 탄압받은 수많은 사람들에 대한 인간적 미안함의 표현이나 후회는 책에서는 찾아보기 어렵다.

모든 권력을 한 손에 틀어쥐고 행정 사법 입법을 좌지우지했던 국보위(상임위원장 전두환)에 관한 자세한 설명은 더욱 가관이다. 회고록 일부를 드문드문 인용해 본다.

> 국보위는 최규하 대통령의 지시로 만들어졌으며, 국보위 설치 이후에도 정부와 내각은 정상적으로 움직였다. 모든 국책 사항은 국보위가 아니라 국무회의에서 심의하고 의결했다. 국보위가 내각을 지휘 감독한 것도 아니며 그럴 권한도 없었다. 대통령의 지시가 있으면 움직이고 지시가 없으면 움직일 수 없는, 대통령의 계엄 업무 수행에 관해 자문하고 보좌하는 기구에 불과했다.

이건 심한 거짓말이다. 바로 이런 것들이 회고록 전체의 신뢰도를 확 떨어뜨리고 있는 것이다. 아마도 정부 내의 공식 기록 어느 한구석에 지금도 그렇게 쓰여 있을지 모른다. 그러나 12·12를 통한 권력 장악 과정이나 당시 국보위의 어마어마했던 공포정치를 많은 국민들이 눈으로 보고 몸으로 겪었는데도 위와 같은 말을 회고록에 적어 놓은 것이다.

물론 어느 대통령이든 자신의 업적이 역사적 기록으로 남겨지길 원한다. 노태우, 김영삼, 김대중, 이명박, 박근혜 등도 예외 없이 역사적 기록이 되기를 기대하고 각기 회고록을 남겼을 것이다. 하지만 하나같이 객관적 서술과는 거리가 있다. 그 이유는 간단하다. 잘못한 부분을 빼고 썼거나 왜곡해서 썼기 때문이다.

분량 면에서 전두환의 회고록이 가장 방대하고 자세하다. 그도 그럴 것이, 대통령으로서 집권 기간은 7년 6개월이었으나, 그 앞으로 12·12 사태 이후와 뒤로는 퇴임 후 34년간 겪었던 고초의 세월까지 덧붙였으니 당연한 일이기도 하다.

다른 대통령들과 다른 점이 또 있다. 전두환은 다른 대통령들과 달리 퇴임 후에도 여전히 국정에 영향력을 행사할 것으로 기대했었다. 적어도 경제정책에 있어서만큼은 자신이 '대부' 역할을 계속할 것으로 기대했다. 일해재단 확충을 무리하게 밀어붙인 것도 그 연장선에서 빚어졌다. 역시 전두환은 경제 대통령이긴 했어도, 정치적 판단은 수준 이하였던 셈이다. 경제적 성과에 취한 나머지 조만간 자신에게 닥쳐올 정치적 격랑은 전혀 예상하지 못했다. 자신이 이뤄 놓은 경제 발전을 발판 삼아 급속히 전개될 정치 사회적 변화의 물결이 자신부터 집어삼킬 줄은 전혀 예상치 못했던 것이다. 친구인 후계자 손에 의해서 백담사 귀양살이가 시작될 줄 상상이나 했겠는가? 민주화가 얼마나 무서운지, 기본 개념이 없었다.

회고록 발간도 똑같은 문제의 발로다. 소위 '정무적' 판단력 결핍이 회고록을 발간케 한 것이다. 어차피 그런 내용의 회고록이라면 굳이 발간할 이유가 없었다. 본인의 사후에 주변 사람들이 추모의 뜻을 모아 펴냈더라면 아무 일도 없었을 것이다.

역사적 기록이 될 것이라는 기대 아래 발간한 회고록은 결국 부메랑이 되어 전두환이 마지막 순간까지 고초를 겪게 했다.

제1부

"그런 선거는 져도 좋다"

지옥에서 시작하다

힘으로 정권을 잡은 전두환으로서는 '경제 대통령'의 외길을 택할 수밖에 없었다. 그는 '선출된 대통령이 아님'을 스스로 잘 알고 있었고, 이 결함을 만회할 전략으로 위기의 경제를 살려 내는 작전에 올인했고, 결과적으로 성공했다.

전두환이 절체절명의 위기에 처한 박정희 정권의 말기 경제를 구출해 낼 것이라고는 누구도 기대하지 않았다. 1987년 전두환 정권이 막을 내릴 즈음에 미 경제신문 〈월스트리트 저널〉은 한국 경제와 관련해 이런 기사를 실었다.

　　한국의 전두환 대통령은 참으로 불가사의한 인물이다. 그는 재임 기간 중에 성장, 물가, 국제수지라는 경제정책의 3대 목표를 한꺼번에 달성했다. 많은 나라의 지도자들이 한 마리 토끼도 제대로 못 잡아서 절절매는데 그는 동시에 세 마리 토끼를 잡은 것이다. 희한한 것은 이 같은 경이로운 업적을 쌓았음에도 불구하고 국민들에게 인기가 없는 대통령은 일찍이 없었다는 점이다.

전두환 경제를 이해하기 위해서는 우선 그가 어떠한 경제 상황에서 집권했는지부터 돌아봐야 한다.

당시 한국경제는 한마디로 벼랑 끝에 서 있었다. 물론 박정희 경제가 이룩한 산업화는 '한강의 기적'이라고 일컬어질 만했다. 하지만 집권 말기에 이르면서 세계적 불황 속에 그동안 쌓여 왔던 무리한 정책들의 부작용이 급기야 폭발하기 시작했다. 기업들의 무더기 도산이 줄을 잇는 가운데 물가는 천정부지로 뛰어올랐다. 제2차 오일 쇼크, 병충해 흉작('노풍'벼 피해. 당시에는 쌀의 생산량이 전체 경제에 미치는 영향이 매우 컸다)까지 겹쳤다. 게다가 대통령 박정희 암살로 정치 사회적 혼란이 극에 달했으며 이에 따른 해외 신용 추락은 바닥을 모를 지경이었다.

박정희 경제의 눈부신 업적에 대한 칭찬은 경이적인 급성장에 초점이 맞춰진 것이었지, 악성 인플레이션과 국제수지 적자는 한국경제의 고질병이었다. 맨주먹으로 산업화를 도모하는 과정에서 필요한 돈은 외국에서 빚을 내야 했고, 그래도 모자라는 돈은 조폐공사가 찍어서 감당했으니 고물가와 국제수지 적자는 필연이었다. 그런 경제 구조 속에서 세 마리 토끼를 한꺼번에 잡겠다고 전두환이 큰소리 쳤으니 그 말을 믿는 사람이 과연 몇이나 되 었겠는가?

당시 경제를 좀 더 살펴보자. 박정희 경제에 경고등이 켜진 것 은 1970년 중반 들어서부터였다. 공교롭게도 1976~77년 한국경 제는 꺼지기 직전의 마지막 타오르는 불길처럼 반짝 달아올랐다. 중동 해외 건설 수주가 껑충 뛰면서 달러가 쏟아져 들어왔고, 여 기저기서 공장이 지어지고 고층 빌딩이 올라갔다. '부동산 투기' 라는 단어가 본격적으로 등장한 것은 이때부터였다. 시중에 뭉 칫돈이 풀리면서 고물가에 기름을 끼얹었다. 한 해 물가상승률이 공식 통계로도 40%를 넘나들었다. 정부가 아무리 행정력으로 단 속해도 암거래만 키울 뿐이었다. 예컨대 물가 통계에 반영되는 시멘트 한 포대 값은 900원이었으나 시장에서는 2천 원을 줘도 사기 어려웠다. 다른 한쪽에서는 중화학공업 투자가 물 먹는 하 마처럼 뭉칫돈을 수년째 집어삼키고 있었으며, 농민 보호를 위한 쌀값 정책(이중곡가제) 또한 한국은행이 돈을 찍어서 감당해 가는 형편이었다. 기업들은 반짝 경기의 끝이 바로 코앞인 줄도 모른 채 과잉투자에 열을 올렸다.

그러다가 제2차 오일 쇼크를 맞아 수출길이 급속히 막혔다. 경 기는 낭떠러지로 내려 박히는데 물가는 치솟았다. 초유의 스태그 플레이션 사태로 빠져들었다. 더구나 부가가치세 도입(1977년 7월 1일)에 대한 조세 저항으로 민심 또한 흉흉하게 돌아갔다. 정치는 차치하고 경제 쪽에서도 시커먼 먹구름이 박정희 정권의 종말을 불길하게 예고하고 있었다.

박정희 경제의 한계를 가장 먼저 감지하고 궤도 수정의 필요성을 깨달은 인물은 아이로니컬하게도 그동안의 성장 정책을 주도해 온 남덕우였다. 교수 출신의 이론가이자 박정희 경제의 핵심에 오래 자리해 왔던 남덕우는 성장 정책의 허점과 한계를 누구보다도 잘 알고 있었다. 1974년 9월 재무장관에서 부총리 겸 경제기획원장관으로 자리를 옮겨 앉아 경제 사령탑을 맡은 남덕우는 회고록에서 당시 상황을 다음과 같이 돌이켰다.

> 나는 경제 운영의 기본 방향을 놓고 깊은 고민에 빠져 있었다. 저성장, 고물가, 국제수지 악화의 3중고를 어떻게 돌파할 것인가? 물가 안정을 우선하자면 무자비한 통화 긴축을 해야 하는데, 대통령이 그런 정책 방향을 이해하고 적극적으로 밀어줄 것 같지도 않았다. 그렇다면 성장 기조만이라도 유지해야 하는 것 아닌가.

이 같은 악성 인플레가 계속되면 수출 경쟁력이 계속 떨어질 것이고, 따라서 경제 성장을 지속할 수 없음을 누구보다도 잘 알고 있었건만, 대통령의 마음을 돌릴 자신이 없었다. 결국 긴축 정책으로 전환할 것을 촉구하는 실무자들의 보고서들을 서랍 속에

넣어 둔 채 기존의 성장 정책을 이어 갔다.

하지만 남덕우는 장차 정책 기조를 송두리째 바꿔치는 데 앞장서는 2명의 인물을 발탁했다. 훗날 전두환의 '경제 가정교사'를 맡았던 한국은행 소속의 김재익을 경제기획국장에 특채(1976)하고, 안정화 정책의 기수 역할을 자처한 강경식을 기획차관보에 기용(1977)한 것이다.

박정희도 흔들리기 시작했다. 1978년 총선에서 패배(득표율 기준)하자, 기존의 경제팀을 대폭 교체했다. 남덕우와 정반대편에 섰던 물가 안정 우선론자 신현확을 새 경제 사령탑에 앉혔으니, 성장 우선주의 노선의 후퇴에 어쩔 수 없이 동의한 셈이다. 자신의 노선을 정면으로 부인하는 과격한 개혁 추진이 탐탁할 리 없었다. 찬바람이 돌았다.

신현확 부총리, 강경식 차관보 콤비의 '물가 안정 우선 정책'은 1979년 새해 업무보고를 통해 첫선을 보였다. 박정희는 불쾌한 기색이 역력했다. 안정화 정책의 핵심은 돈줄을 바짝 조이는 동시에, 엉터리 행정 통계 조작을 그만두고 물가를 현실화하는 것을 비롯해, 당장 수출 지원을 축소하고, 중화학공업 투자도 그만둬야 하고, 대통령이 애지중지해 온 새마을사업의 예산도 확 깎아야 하는 것이었다. 박정희로서는 기가 막힐 노릇이었다. "요즘 공무원 중에서는 수출을 줄여야 한다는 정신 나간 소리를 하는 사람도 있다"며 불쾌한 심기를 노골적으로 드러냈다. 신현확은 아랑곳하지 않았다. 경제 부처 내에서도 의견이 엇갈렸다. 실물경제를 끌어가는 상공부는 경제기획원 중심의 안정화 정책을 비난하는 보고서를 청와대에 올렸고, 박정희는 이를 크게 칭찬했다. 역시 그는 뼛속까지 성장론자였다. 심상찮은 낌새를 눈치챈 신현확은 대통령 면담을 요청했으나 한 달이 넘도록 거부당했다. 안정화 정책의 중도하차는 시간문제였다.

박정희는 고심 끝에 다시 성장 정책으로 되돌릴 마음을 먹었다. 1961년 쿠데타 집권 이후 18년 동안 경제정책에 관한 한 어떠한 난관도 돌파해 온 그도 이즈음에 와서는 갈피를 잃고 있었다. 1980년 해가 바뀌면 곧바로 전임 재무장관 김용환을 신현확의 후임으로 부총리에 기용키로 하고 본인에게 통보까지 했다. 성장론 부활의 예고였다.

그러나 박정희 암살(1979년 10월 26일)로 세상이 뒤엎어질 줄이야—

경제 실정(失政)과 박정희의 종말

박정희 정권의 종말이 경제와는 어떤 상관관계가 있는 것일까?

말기에 태동한 안정화 정책 자체가 성장 일변도의 박정희 경제가 한계를 드러내고 대전환을 시작했음을 의미했다. 당시 한국개발연구원(KDI) 원장 김만제의 진단을 들어 보자.

무리한 경제정책 부작용으로 민심이 돌아섰음을 부인할 수 없다. 제2차 오일 쇼크 속에 물가는 폭등하고 중화학공업의 중복 투자 후유증이 한계에 달했다. 세계은행 보고서도 자세하게 이 점을 지적했다. 박정희 대통령도 뒤늦게나마 경제가 심상찮음을 감지했다. 아마 10·26이 없었다면 대통령 스스로가 나서서 정책이나 사람이나 대대적으로 물갈이했을 것이다.

후임 KDI 원장 김기환의 진단은 보다 복합적이다.

> 10·26 사태는 개발독재의 한계로 보는 시각이 지배적이
> 지만 경제사적 의미도 함께 부각되어야 한다. 제3공화국의
> 경제적 실패가 빚어낸 역사적 필연성을 띤 사건이었다고 생
> 각한다. 특히 10·26 사태의 도화선이 되었던 부마사태는 박
> 정희 경제의 한계에서 비롯된 것이었다.

한국경제의 발전 과정에 어디 하루라도 편한 날이 있었던가.
언제나 수많은 골칫거리에 둘러싸여 곡예 하듯이 고비 고비를 넘
어오지 않았던가. 경부고속도로 건설이나 포항제철을 세운 과정,
사유재산권 침해 시비를 깔아뭉갠 사채 동결 조치, 수없이 겪은
외환 부도 위기 등… 헤아릴 수 없을 정도로 수많은 난관들을 박
정희 특유의 리더십과 결단력으로 타개해 왔다. 그러나 이번에는
달랐다.

오랜 기간 박정희 경제를 이끌었던 남덕우는 후일 "박 대통령
은 말기에 접어들면서 흔들렸고 그전 같은 총기를 찾아보기 어려
웠다"고 회고했다. 이론적으로는 돈줄을 조여 가며 물가를 잡는
것이 우선인데, 그러자면 수출 위주 성장을 포기해야 했다. 대통
령으로서는 가뜩이나 정치적으로도 어려운데 고통의 긴축 정책
은 영 내키지 않았다. 정부 안에서도 편이 갈렸다. 안정화 정책을

주도해 나가는 경제부총리가 해외 출장 나간 사이에 상공부장관이 이를 뒤엎는 해프닝도 벌어졌다. 박정희 정권에서 그전 같으면 있을 수 없는 일이 벌어진 것이다.

기업들이야 당연히 안정화 정책에 반대였고, 청와대 안에도 안정화 반대 그룹이 포진하고 있었다. 그런데 중앙정보부가 비인기 정책인 안정화를 지지하고 나섰다. 정보부가 어떤 곳인가. 대통령의 심기를 가장 민감하게 챙기는 기관이고, 무엇보다 정권 안보를 최우선으로 삼는 대통령 직보 정보기관 아닌가. 그런 중앙정보부가 대통령의 트레이드마크인 성장 정책에 제동을 걸고 나섰다는 것은 매우 주목할 만한 일이었다.

지식 계층을 중심으로 안정화 정책에 대한 공감대가 폭넓게 형성되고 있기는 했다. 그러나 정보부가 안정화를 지지하게 된 배경은 당면한 경제 난국이 정권적 위기 상황으로 치닫고 있는 것으로 판단했기 때문이다. 경제정책에 대한 중앙정보부의 이런 시각은 1977년 7월 1일 부가가치세 실시 때부터였다. 조세 저항에 따른 정치적 부담을 우려한 나머지 '실시 불가'라는 정보보고를 꾸준히 청와대에 올렸다. 심지어 KDI에 "부가세 실시를 반대한다"는 입장을 밝혀 달라고 압력을 넣기까지 했다. 이후 정보부는 정부의 경제정책에 비판적 입장을 유지했으며, 묘하게도 경제기획원과 KDI가 앞장선 안정화 정책에는 한편이 되었다. 기획원과 KDI는 이론과 논리를 역설했고, 정보부는 시중 민심을 수집해서 정치적으로 판단한 것이다. 정권의 마지막 보루인 정보기관이 정부 정책을 반대하고 나섰으니 예삿일이 아니었다.

이러고 보면 대통령에게 방아쇠를 당긴 정보부장 김재규의 당시 경제 상황에 관한 인식이 어떠했느냐는 것은 대강 짐작이 간다. 그가 안정화 정책의 논리적 타당성에 얼마나 공감했는지는 제쳐 두고라도, 당시의 경제정책이 민심을 떠나 있다는 점은 확신했다고 봐야 할 것이다. 함께 살해당한 경호실장 차지철이 정보부의 그런 판단을 매우 못마땅하게 여겨 왔다는 점도 충분히 주목할 만하다. 정치적 이해관계를 달리하는 이들이 경제정책에서도 심각한 갈등을 표출하고 있었던 것이다.

아무튼 한국경제를 절대빈곤에서 해방시키고 번영의 기틀을 다졌다고 세계적 평가를 받은 박정희 대통령이 정작 경제적 파탄의 벼랑에서 자신이 임명한 최측근의 총탄에 죽은 것이다.

안정화의 밑밥, 최규하 과도정부

10·26 사태 이후 최규하 과도정부가 갖는 정치적 의미는 이 책에서 다룰 내용이 아니다. 그렇지만 한국경제가 워낙 어려웠던 시기였으므로 경제정책 면에서 이 과도기가 갖는 의미는 나름대로 매우 중요했다.

　앞서 언급했듯이 안정화 정책의 절박함은 신현확, 강경식 등의 경제 관료 중심으로 정권 말기부터 제기되어 온 것이었고, 박정희도 탐탁잖게나마 받아들였던 것이다. 그러나 불안해진 대통령의 태도 변화로 인해 그렇지 않아도 아슬아슬하게 이어 가던 안정화 정책이 조만간 폐기될 참이었는데, 그 직전에 대통령이 먼저 죽어버린 것이다. 덕분에 다 죽었던 안정화 정책이 운명적(?)으로 살아났다. 그런 뜻에서 10·26 사태는 박정희 시대의 종말이었지만, 묘하게도 경제정책 면에서는 안정화 정책이 본격화되는 시발점이었다.

허수아비 대통령 최규하는 10·26 직후 권한대행까지 합쳐서 10개월간 재임했는데, 오히려 이 기간이 박정희의 성장 일변도 정책에서 신속하게 벗어나 안정화 정책으로의 선회를 크게 도왔다. 과도정부의 권력 진공이 안정화를 주도하는 개혁 세력의 입지를 상대적으로 강화시켜 준 것이다.

예기치 못한 12·12 사태가 터지면서 권력의 핵심이 군부로 넘어갔으나 경제 쪽에는 별다른 영향을 주지 않았다. 신현확 중심의 내각이 유지해 온 경제정책에는 아무런 변화가 없었다. 그해 연말 기준 석유 재고량이 7일분까지 바닥난 상황에서 동력자원부 장관을 교체하는 정도였다. 그렇다고 대통령 최규하가 마냥 두 손 놓고 있었던 것은 아니다. 어쩌다가 자신의 존재감을 보이기 위해 제동을 걸 때도 있었다.

부처 간 내부 토론을 거쳐 환율 조정의 주무부서인 재무부가 1979년 12월 26일부터 환율을 인상키로 확정하고 이틀 전에 김원기 장관이 대통령 결재를 받으러 갔다. 보고를 듣고 대통령이 하는 말이 "알았으니 놓고 가라"는 것이 아닌가. 황당한 일이었다. 극비를 유지해야 할 환율 인상 문제에 대해 즉시 서명하기는커녕 시간을 가지고 검토해 보겠다고 하니 기가 막혔다. 대통령은 나름대로 여기저기에 검토를 지시했고, 이 과정에서 시중에 소문이 퍼지면서 금융시장은 난리가 났다. 환율정책이 무엇인지도 모르는 무지한 대통령이 중론을 모으겠다고 나서는 바람에 공연한 혼란을 야기한 것이다.

결국 우여곡절을 거쳐야 했고, 해를 넘겨 대토론회로 넘겨졌다. 1980년 1월 21일 최규하 대통령 주재로 청와대에서 안정화 정책을 결정하는 회의가 열렸는데, 각부 장관들 간 격론 탓에 무려 5시간 30분이 걸렸다. 박정희 부재가 불러온 변화였다. 대통령 주재 회의가 5시간을 넘기다니…. 환율이 단번에 20% 인상되고, 예금 금리는 15%에서 24%로 대폭 인상됐다. 기업들은 죽는다며 아우성을 쳤다. 그전 같으면 꿈도 꾸지 못했을 정책 결정 방식이요 결과였다.

원래 물가 안정 정책은 비인기 정책 1순위다. 돈줄을 조이고, 금리를 올리고, 투자를 감축하고, 고통 감내를 요구하는 정책을 누구라서 좋아하겠는가. 돌이켜 보면 당시의 이 같은 안정화 정책 시행은 소수의 관료들이 성공시킨 혁명적 정책 전환이었던 셈이다. 국회가 제대로 작동하고 정부가 정상적으로 움직이는 상황이었다면 결코 성공할 수 없는 일이었다.

온갖 정치적 격랑 속에서도 안정화 정책은 그런대로 뿌리를 내려 갔다. 다른 한편에서는 국제적 오일 쇼크로 인해 국내 석유 값을 59.4%씩 두 차례에 걸쳐 올렸다.

최규하 정부 10개월은 비록 군부와 직업 관료 사이에서 오락가락한 시간이었음에도 경제정책 면에서는 다음 정권이 안정화 정책을 본격적으로 수행해 나갈 발판을 마련해 준 요긴한 시기였다.

서릿발 국보위

국보위는 1980년 5월 말에 설치되어 10월까지 존속했지만, 실질적인 활동 기간은 전두환이 제11대 대통령에 선출된 8월 하순(취임은 9월 1일)까지 3개월 남짓 정도였다. 기간은 짧았으나 그 위세는 나는 새도 떨어뜨렸다. 군부가 완전히 권력을 거머쥔 것이다. 1961년 쿠데타로 집권한 박정희가 만든 국가재건최고회의의 '전두환 버전'이었다. 정부의 각 부처들은 국보위를 하늘처럼 모셨다. 자칫 국보위 눈 밖에 났다가는 하루아침에 목이 날아갔다. 공무원 숙정은 물론이고 금융기관이나 민간기업의 인사까지 좌지우지했다.

권한은 막강했으나 능력이 부족했다. 조직 구성 자체가 두서가 없었고 즉흥적이었기에 차지한 권력과 권한을 행사할 능력이 없었다. 아무튼 정권을 잡았으니만큼 개혁을 천명하지 않을 수 없었으나, 무엇부터 어찌해야 할지 몰랐다. 지금 같으면 여론

조사기관이라도 동원했을 텐데, 당시로서는 사방에 사람들을 풀어서 동향을 살필 수밖에 없었다. 불만 사항, 희망 사항 등에 관한 정보 수집이었다. 이것들을 끌어모아 서둘러 실시한 것이 통행금지 해제, 중고등학생들의 교복·두발 자율화, 과외 금지, 대학의 졸업정원제 등이었다. 돈이 드는 것도 아닌, 결정만 내리면 즉각 조치할 수 있는 손쉬운 인기 정책들이었다. 사이비 언론을 일소한다는 명분으로 언론 통폐합을 실시한 것도 이때였고, 깡패를 일소하겠다는 삼청교육대와 대대적인 공무원 숙정 작업도 국보위가 주도해서 해치운 것이다.

경제정책의 큰 틀에는 별다른 변화가 없었다. "알아야 면장을 하지"라는 말에 딱 들어맞았다. 더구나 5·17 사태로 그나마 신현확 내각마저 물러나자 정치는 물론이고 경제도 혼돈이 가속됐다. 광주사태, 3김 구속…. 당장 달러가 바닥나면서 외국 은행 관계자들이 연일 재무장관실로 쇄도했다. 서울 주재 지점장뿐 아니라 본국의 회장까지 날아왔다. 계엄령하의 한국 언론은 물론이고 관료들의 말도 믿을 수 없다는 것이다. 경제정책의 결정권자가 누구냐, 민간이냐 군인이냐, 한국 정부가 사회주의 경제를 지향하는 것은 아닌가….

외환 부족과 대외 신용 추락 대책이 당면한 최대 난제였다. 재무장관 이승윤은 국보위 상임위원장 전두환에게 고비마다 보고를 했으나 "난 잘 모르겠으니 재무장관이 알아서 하시오"가 반응의 전부였다. 기본적으로 외환시장에 대한 개념부터 없었다.

돌이켜 보면 국보위가 출범하고 전두환이 대통령에 취임한 1980년이 지날 때까지만 해도 군부가 경제정책 자체에 깊이 간여한 흔적은 찾아보기 어렵다. 예컨대 금융기관을 비롯해 대대적인 숙정을 단행하긴 했어도 후임 인사에는 거의 개입하지 않았던 것이다.

국보위 분위기는 박정희 시대 초반의 국가재건최고회의와 크게 다르지 않았다. 경제는 잘 몰라도 일단 재벌들은 손봐야 한다는 것이 젊은 영관급 장교들의 공통된 생각이었다. 5·16 쿠데타 세력들에 비할 바는 못 됐으나, 개혁을 표방하는 마당에 최소한 당시 대학가를 중심으로 확산되고 있던 재벌 망국론에 편승하지 않을 수 없었다.

첫 케이스로 걸려든 기업이 한때 수출 실적 1위를 기록했던 동명목재였다. 국보위가 출범한 지 불과 20일도 못 돼서 간단히 도산했다. 세계적인 합판 경기 불황 속에 설비 투자를 늘렸던 동명목재는 은행이 추가 대출을 해 주면 얼마든지 살릴 수 있는 기업이었다. 그러나 국보위는 '악덕기업'이라는 이름으로 단죄했다. 국보위 내에서도 재무위원회가 이 문제를 다룬 게 아니고 사회정화위원회가 주도했다. 기업 경영의 부실 여부는 뒤로하고 악덕 여부를 조사한답시고 사주의 부인과 자식까지 잡아들여 언론 플레이를 했다. 보도자료 이외에는 일체의 분석 기사를 금지했으니 일반 사람들은 영문을 몰랐다. 당시 군부의 기업관이 어떠했는지를 말해 주는 한 단면이다.

이어서 60년 역사의 노포 화신그룹을 비롯해 신흥 기업 대봉산업에 대한 부도 처리를 단호히 결정했다. 전경련을 중심으로 재계는 잔뜩 겁을 먹고 납작 엎드렸다.

당시 국가적으로 화급한 당면 과제는 중화학공업의 구조조정이었는데, 이것은 군인들의 겁주기로 해결될 문제가 아니었다. 제아무리 서슬 퍼런 국보위라도 중화학공업 부문에 난마처럼 얽힌 무더기 부실 문제에는 뾰족한 방책이 없었다.

박정희 정권이 추진해 온 1970년대 중화학공업에 대한 평가는 한국경제 발전사에서 가장 큰 획 중의 하나다. 하지만 추진 과정에 지불한 비용이 엄청났고, 온갖 부작용 또한 대단히 심각했다. 그것이 극에 달한 시기가 바로 1979~80년이었다. 1973~79년 사이에 이쪽에 투자한 돈이 20조 원을 넘었고, 공장 건설은 거의가 은행의 정책금융이었다. 이들이 망하면 은행도 날아가는 형국이었다(당시 시중은행들 자본금이 500억 원에 불과했다). 창원기계공단 입주 공장의 70%가 멈춰 섰고, 수입된 값비싼 공작기계들이 포장도 뜯기지 않은 채 야적장에 산처럼 쌓여 있었다. 현대자동차 근로자들은 일거리가 없어 편을 갈라 하루 종일 축구를 했다. 이런 상황에서 권력을 잡은 군부인들 무엇을 할 수 있었겠는가?

중화학공업 구조조정의 핵심은 발전 설비와 승용차산업을 통

폐합해서 일원화한다는 것이었다. 박정희 정부 때부터 논의되어
왔으나 논란을 거듭해 오던 문제였다. 국보위는 잘 몰랐고, 시간
도 없었다. 국보위가 확정한 최종안은 승용차는 현대자동차와 새
한자동차를 합쳐서 일원화하고, 발전 설비는 대우중공업·현대중
공업·현대양행을 합친다는 것이었다. 이렇게 두 산업의 일원화
계획을 세워 놓고서 현대의 정주영 회장과 대우의 김우중 회장을
불렀다.

　국보위의 우격다짐이 시작됐다. 각자에게 당장 둘 중의 하나씩
선택하라는 것이었다. 김우중은 순순히 응할 뜻을 밝혔으나 정
주영이 강하게 반발했다. 화가 난 국보위는 펄펄 뛰었으나 정주
영은 굽히지 않았다. 우여곡절 끝에 '업계의 자율적 조정에 따른
조치'라는 이름으로 일원화의 결론이 난다. 승용차 부문은 현대
자동차가 새한자동차를, 발전 설비는 대우중공업이 현대양행과
현대중공업의 발전 설비 부문(창원중공업)을 각각 흡수 합병하는
것으로. 그러나 말짱 헛일이었다. 자동차는 새한자동차의 50%
지분을 가지고 있던 미국 GM이 매각을 거부하는 바람에 흡수
통합이 물거품이 되었고, 발전 설비는 대우가 가졌으나 힘에 부
쳐 스스로 포기하는 바람에 역시 헛수고가 되고 말았다. 결국 산
업은행과 한전 등이 돈을 대서 한국중공업(두산중공업의 전신)으로
간판을 바꿔 달아 뜻하지 않았던 공사화 코스를 밟게 된다.

　자동차산업은 하마터면 통째로 없어질 뻔도 했다. 새한자동차

의 지분 매각을 약속했다던 GM이 오히려 협상 과정에서 현대자동차와 50% 합작을 요구하고 나선 것이다. 김재익을 중심으로 한 국보위의 기본 입장은 "자동차산업은 내수시장이 작은 한국에 맞지 않으므로 외국의 큰 회사에게 넘겨야 한다"는 논리를 채택하고 있었다. 소위 말하는 비교우위론이다. 대만처럼 외국 메이커들의 조립생산 공장으로 가는 게 현명한 선택이라는 것이다. 따라서 정부 차원에서는 현대자동차를 사실상 미국 GM에 넘기기로 최종 결정했던 것이다. 하지만 정주영 현대자동차 회장이 어림없는 소리라며 또다시 버티는 바람에 무산됐다. 하마터면 오늘의 현대차가 국보위로 인해 없어질 뻔했던 것이다.

전혀 예상치 못했던 업적도 있었다. 별도로 다루겠지만, 공정거래제도를 단숨에 도입한 것이다. 군인들은 사실 공정거래제도가 무엇인지 제대로 알지 못했다. 국보위의 김재익 경제과학위원장이 경제기획원 실무 책임자를 불러서 일사천리로 밀어붙였다. 관련 부처나 재계가 "어 어…" 하는 사이에 국보위가 해치운 것이다. 정상적으로 법안이 만들어지고 국회 심의를 거쳤다면 턱도 없는 일이었다.

돌이켜 보면 국보위는 박정희가 1961년에 만든 국가재건최고회의와 요즘의 대통령인수위를 합쳐 놓은 것 같은 권한과 기능을 발휘했다. 모든 일이 최종 결정은 국보위를 거쳐야 했을 정도로 막강한 힘을 발휘한 점은 국가재건최고회의를 그대로 닮았고,

차기 정부의 집권 준비에 치중했다는 점에서는 대통령인수위가
하는 일이나 다름없었기 때문이다.

겁에 질린 재계

"5공은 기업인들에게는 고통스런 시대였다."

현대 회장 정주영은 회고록에서 그렇게 썼다. 역사는 세 마리 토끼를 잡은 대단한 공로를 기록할지 모르겠으나 그 시대의 기업인들이 겪은 수모는 역대 어느 정권보다도 심했다는 이야기다.

10·26과 12·12를 거쳐 1980년 새해를 맞은 재계의 입장은 참으로 암울했다. 경제 자체가 심각하게 침체한 가운데 기업의 외부 환경이 도무지 가닥을 잡을 수 없었다. 최대 관심사는 정권의 향방이었다. 권력의 실체가 어디에 있으며 누구에게 가느냐를 놓고 기업들은 촉각을 곤두세우고 있었다. 5·16 군사혁명 이후 이미 정권 변동과 기업의 운명이 갖는 함수관계를 톡톡히 경험한 기업들로서는 충분히 그럴 만했다.

재계는 세 갈래로 권력의 향방을 좇아야 했다. 과도정부라고는 하지만 최규하 정부에도 신경을 쓰지 않을 수 없었고, 대권 주자로 떠오른 3김에도 관심을 기울여야 했다. 또한 12·12를 고비로 급부상한 전두환 장군 중심의 신군부 세력의 동향도 결코 무시할 수 없었다.

재계의 우왕좌왕은 얼마 가지 않아 싱겁게 끝났다. 5·17로 단숨에 3김이 정치 무대에서 사라지고 국보위 출범과 함께 군인 세상이 된 것이다. 권력을 장악한 신군부가 기업과 기업인을 과연 어떻게 보고 있으며, 앞으로 경제를 어떻게 끌고 나갈지, 그리고 이들에게는 어떤 경로로, 얼마나 '성의 표시'를 해야 하는 건지….

군부 실력자들이 대기업을 보는 눈은 어떠했을까? 우선 4·19나 5·16 때와는 근본적으로 다르다는 점은 분명했다. 과거에 있었던 두 차례 변혁의 경우에는 재벌 총수들이 부정축재 주범으로 몰려 무더기로 잡혀가는 무시무시한 사태로까지 번졌으나 이번에는 본질적으로 달랐다. 시대가 달라졌을 뿐 아니라, 신군부가 권력을 장악하기는 했어도 명분이 약했고, 스스로도 목숨을 건 혁명군은 아니었기 때문이다.

하지만 일단 정권을 잡았으니 대기업을 다잡아야 민심을 얻을 수 있을 것이라는 생각이 군부 내에 지배적이었다. 대학가를 뒤덮다시피 한 '재벌 망국론'과 사북탄광 사태 등의 과격한 노사분규로 인해 가뜩이나 위축되어 있던 재계에 들려오는 신군부의 기업관은 불안하기 짝이 없었다. 영관급을 중심으로 한 젊은 장교들 사이에서 특히 부정적이었다. 전두환 장군의 측근 참모들로 구성되었다는 '20인 위원회' 같은 데서 부도덕한 대기업 몇 군데를 대상으로 해체시키자는 논의가 있었다는 이야기가 전해져 재계를 한층 긴장시켰다.

국보위가 비리 기업이라는 낙인을 찍으며 동명목재를 단칼에 날린 것은 재계에 충분한 겁박이었다. 더구나 공무원과 금융기관, 국영기업체 임직원은 물론 언론계까지를 대상으로 전개된 대대적 정화 작업 역시 재계를 바짝 얼어붙게 만들었다. 말이 정화이지, 신군부에 불손한 태도를 조금이라도 보이면 가차 없이 잘렸다. 개인 기업인데도 말이다. 정보기관이 수집한 정보에 따라, 또는 갖가지 투서에 따라 하루아침에 목이 달아나는 경우가 비일비재했다.

1980년 7월, '기업풍토쇄신을 위한 기업인대회'가 국립극장에서 열렸다. 물론 정부가 강제한 정화 다짐 행사였다. 공무원들이 무더기로 숙정을 당하는 판에 기업도 뭔가 자성의 모습을 보여 줘야 할 것 아니냐는 국보위의 종용에 따른 것이었다. 대한상의 회장 김영선은 대회사를 통해 "정부가 사회정화운동을 하면서 기업인에 대해 관용을 베푸는 것은 어려운 경제 현실을 감안한 것인 만큼 기업인들은 이를 자성의 계기로 삼겠다"고 다짐했고, 총리서리 박충훈은 "기업인들은 이번 기회에 기업 내부에 남아 있는 모든 비리와 부조리를 과감히 청산하라"고 촉구했다. 도대체 무슨 죄를 저질렀기에 기업은 일방적으로 벌벌 기고, 정부는 까닭

없이 윽박지르는 것일까? 아무튼 이 두 사람의 연설은 당시 재계와 군부 사이의 관계를 상징적으로 보여 주는 장면이었다.

전두환이 대통령이 돼서 청와대로 들어간 지 얼마 지나지 않아 9·27 조치라는 것을 발표한다. 기업 소유의 부동산 실태를 신고받아 정부가 강제 매각토록 하는 것을 골자로 하는 조치다. 본격적인 겁주기였다. 전두환은 며칠 뒤 대기업 오너들을 중심으로 기업인들을 청와대로 불렀다.

"기업인들에 대해 그동안 아무 조치도 취하지 않았다는 불만이 국민들 사이에 많고 내 주변에서도 많았지만, 가급적 기업을 건드리지 않도록 내가 막았다."

이렇게 생색을 내고서 훈시를 이어 갔다. 부동산 과다 보유, 같은 업종끼리의 과당 경쟁, 근로자들로부터의 불신, 경제성을 무시한 적자 수출 등을 지적하면서 "어쨌든 우리 경제가 오늘의 발전을 이룩한 것은 기업인들의 공로라는 점을 인정한다"는 말로 연설을 마무리했다. 끝마무리 말만 격려였지, 시종일관 겁박이었다.

신군부의 재계 장악 시도는 명분과는 상관없이 너무도 뻔하게 드러났다. 집권 직후부터 경제단체장들이 연쇄적으로 바뀐다. 지금 같으면 생각도 못 할 일이지만 당시에는 정권의 의중이 결정적이었다. 불과 6개월 전에 선거로 뽑힌 중소기협 회장이 교체되는 것을 필두로 무역협회와 대한상의 회장이 잇따라 바뀌었다. 전경련 회장 정주영도 예외가 아니었다. 그러나 사퇴하라는 전갈을 받은 그는 한마디로 잘라서 물러날 수 없다고 거절했다. 신군부로서도 당황스러웠으나 더 이상 어쩌지 못하고 없던 일로 했다. 정주영의 뱃심도 뱃심이지만, 당시의 군부는 박정희 때와는 비교가 안 되는 허술한 측면이 많았음을 말해 주는 단적인 증거다.

깜짝 쇼 '500만 호 주택 건설'

국보위의 대표적인 '허풍'은 뭐니뭐니 해도 주택정책이었다.

신군부는 국민들에게 무서움을 안겨 준 존재였지만 그들 나름대로는 국민들에게 희망을 주는 존재로 인식되고 싶어 했다. 1980년 9월 신문과 방송 등 국내 언론은 일제히 '주택 500만 호 건설 계획'을 대대적으로 보도했다. 국보위가 주택 문제를 단숨에 해결할 수 있는 거창한 방안을 발표한 것이다. 기자들은 500만 호 주택 건설이 얼마나 비현실적인가를 놓고 고개를 절레절레했지만, 한 줄의 비판 기사도 허용되지 않았다.

500만 호 주택 건설 계획의 주역은 국보위 경제과학위원회(경과위) 간사를 맡고 있던 오관치였다. 육사 출신 경제학 박사로 육사 교수를 거쳐 국방관리연구소에서 근무하다가 국보위에 합류한 인물이었다. 내놓을 만한 경제 전문가가 없던 군부로서는 매우 자랑스러운 존재였던 그에게 경과위 간사 자리를 맡긴 것은 지극히 자연스런 일이었다. 현역 대령이었던 그는 말하자면 경제 관료들과 맞서서 이론적으로도 꿀림이 없이 군의 개혁 의지를 펴나갈 대표선수였다. 그런 그가 단단히 마음먹고 착안한 것이 주택 문제였다.

김재익 위원장도 주택 문제에는 관심이 많았다. 나는 그에게 안정된 사회 지지 기반을 만들려면 중산층을 키워야 하고, 그러려면 우선 주택 문제부터 해결해야 한다고 강조했다.

고개를 끄덕이는 김재익에게 오관치는 기발한 아이디어를 제시했다. 이른바 '녹지 장사'로 자금을 마련해서 그 돈으로 500만 호의 집을 공급하겠다는 것이다. 오관치는 김재익에게 이렇게 설명했다.

"70년대 후반 오일 달러가 몰고 온 부동산 투기로 인해 땅값이 올라서 집 한 채 짓는데 60%가 땅값이다. 땅 마련이 주택 공급의 관건이다. 그런데 서울의 개포, 수서지구 등 녹지로 묶여 있던 지역의 87%가 부재지주 소유 땅으로 나타났다. 부재지주 땅을 수용하면 정부가 막대한 자금을 조성할 수 있지 않겠는가."

오관치의 계산은 간단했다. 서울 강남의 땅값이 평당 60만 원선인데 개포 지역 녹지 땅값은 평당 5만~7만 원이다. 정부가 우선 그 가격에 녹지를 강제 수용해서 도로, 상하수도 등 기반시설을 갖춘 택지로 개발하는 비용은 평당 15만 원이면 족하다. 따라서 그 땅을 일반에게 적당한 값에 팔면 평당 30만~35만 원을 정부가 남길 수 있다. 토개공 조사에 따르면 전국 32개 도시 주변의 녹지는 총 2억 평이다. 그 넓은 녹지의 일부만 수용해서 정부가 땅장사를 하면 재원 마련은 충분하지 않냐는 이야기였다. 이 같은 아이디어에 김재익도 처음에는 솔깃해 했다.

계속해서 오관치의 말이다.

> 그러나 이 방안이 거론되자 국보위의 건설위 사람들과 건설부 관료들은 거세게 반대했다. 학자들도 반대에 가세했다. 한 달이 넘도록 입씨름을 벌였으나 끝내 합의가 안 되어 내 아이디어는 죽어 버리고, 결국 500만 호를 짓는다는 총론적인 목표만 발표했다.

반대론자들의 생각은 간단했다. 그럴듯해 보이지만 현실적으로 불가능하다는 것이다. 건설부 관계자는 이렇게 말한다.

> 한마디로 난센스였다. 우선 법률적으로 무리다. 당시 토지수용법에 따르면 공익사업에 한해서만 사유지를 수용할 수 있었다. 공동주택을 짓는 데 필요한 땅까지는 강제 수용을 할 수 있어도, 수용한 땅을 가지고 정부가 장사를 할 순 없다

는 게 건설부 판단이었다. 더구나 사유재산인 녹지를 정부가 선별적으로 수용한다는 오 씨의 발상 자체가 위험한 것이었다. 법이 허용한다 해도 누구 땅은 수용하고 누구 땅은 놔둔다면 그 과정에서 빚어질 엄청난 부작용을 어떻게 감당할 것인가. 그래서 오 씨에게 말하기를 "꼭 녹지를 수용하려면 모든 녹지를 한꺼번에 수용해라. 그러나 그 녹지들을 수용하는 과정에서 아마 정권이 먼저 망할 것"이라고 했다.

논리적으로는 밀려도 힘을 가진 오관치는 순순히 물러나지 않았다. 반대가 심해지고 논리가 달리자 "우리는 지금 혁명을 하자는 거요"라며 버럭 화를 냈다. 오관치도 후일 자신이 혁명이라는 단어를 사용했음을 기억하고 있었다. 그로서는 관료들의 반대가 답답하기 그지없었다. 다시 오관치의 회고다.

나의 아이디어야말로 지난 몇십 년간 정부가 풀지 못했던 숙제를 풀어낼 수 있는 것이었다. 더구나 앞으로 들어서는 민선 정권은 도저히 못 할 숙제라고 보았다. 다시 말해서 1980년과 같은 시점에서 혁명적 발상으로 처리하지 않으면 끝내 못 할 것이라고 생각했던 것이다.

오관치의 혁명적 발상은 시간이 갈수록 빛을 잃어 갔다. 건설부 관료들의 집요한 설득으로 건설위를 이끌던 안무혁(후일 국세청장) 간사마저 오관치의 주장에 반대로 돌아섰고, 김재익 경과위원장도 초반에 보냈던 지지를 철회해 버렸다. 만약 김재익이 계속 오관치를 지지하고 후견인 역할을 해 줬더라면 성공 여부를 떠나서 '혁명적 발상'이 일단 밀어붙여졌을지도 몰랐겠지만.

녹지 장사는 물 건너갔으나 500만 호 주택 건설 계획은 여전히 살아남았다. 김재익이 오관치의 녹지 수용 주장은 버리면서도 주택 건설 500만 호라는 목표 숫자는 남겨 둔 이유는 무엇이었을까? 대통령에 취임하는 전두환의 주택 문제에 대한 높은 관심을 감안한 것이었다. 신임 대통령으로서는 500만 호 주택 건설이야말로 국민들에게 줄 수 있는 가장 매력적인 선물이었다. 그 당시의 전국 주택 수가 530만 호였는데, 그만큼의 집을 새로 짓겠다는 것보다 더 솔깃할 계획은 없었다. 실제로 전두환은 대통령 취임 직후인 1980년 9월, 500만 호 주택 건설 계획에 사인을 하고 나서 점퍼 차림으로 옷을 갈아입고 당시 15~17평짜리 공무원 아파트 건설공사가 한창이던 서울 강동구 둔촌동 지역을 직접 둘러보기까지 했다.

정부 발표에서는 물론 재원 조달 계획에 관한 여러 숫자들이 제시되긴 했다. 녹지 수용은 빠졌지만 입주자 저축 등을 통해서 8조 5,781억 원, 국민주택채권 발행 및 주택복권 판매로 1조 5,786억 원, 금융기관 융자로 2조 6,903억 원을 각각 동원하는 방식으로 필요한 돈을 조달하겠다는 것이었다. 그러나 이 숫자들은 한마디로 어거지로 꿰맞춘 허수들이었다. 건설부 실무자들도 믿지 않았다. 주무장관인 김주남조차 재원 조달 문제가 나오면 "달리 무슨 방법이 없지 않으냐"면서 말머리를 돌렸다.

국보위가 만들어 낸 500만 호 주택 건설 계획은 애당초 황당한 이야기였다. 1982~86년까지 정상적으로 진행된 제5차 5개년 계획을 중심으로 5공 정권에서 지어진 총 주택 수는 176만 호였다. 5공의 전철을 밟지 않으려 6공이 고심 끝에 약속한 주택 건설 규모는 200만 호였다.

그러나 오관치의 '꿈'이 완전히 수포로 돌아간 것은 아니었다. 그의 녹지 장사 아이디어가 국가보위입법회의 시절 정부가 보다 적극적으로 사유지를 수용, 개발할 수 있도록 하는 「택지개발촉진법」 제정으로 이어진 것이다.

오관치는 군 출신 경제학 박사로서 새 정권에서 상당한 영향력이 기대되었으나, 국보위가 해체되면서 군에 복귀하고 말았다.

문턱까지 갔던 중앙은행 독립

신군부도 국보위를 구성하면서 재무위가 상대적으로 중요하다는 점은 어느 정도 인식하고 있었다. 인선 내용을 봐도 다른 분과위원회는 모두 대령급으로 간사를 임명한 반면 유독 재무위에만은 비중 있는 인물로 알려진 이춘구 준장을 앉힌 것이다.

이춘구는 원래 신중한 사람이었다. 초기에는 전두환 상임위원장 방을 수시로 드나들면서 여러 일을 적극적으로 챙겼다. 그러나 얼마 지나지 않아서 그는 소극적으로 변해 갔다. 금융 자율화와 세제 개혁를 비롯해 복잡한 문제들에 얽혀들면서 가급적 개입하지 않으려고 했다. 도저히 군인이 감당할 수 있는 영역이 아니라고 판단한 것이다.

오히려 재무위를 주도했던 인물은 재무부에서 파견 나온 박판제 위원이었다. 국보위 시절에 성안되어 5공 정부가 출범한 직후에 발표한 9·27 조치, 즉 재벌들의 비업무용 부동산 강제 매각 조치가 바로 그의 작품이었다. 당시 보안사령부를 중심으로 국민들의 지지를 받을 만한 '한 건'이 없을까를 찾던 중에 은행감독원이 제공한 아이디어로 재벌 군기 잡기를 고른 것이다. 기업 부동산 보유 실태가 전두환 상임위원장 책상에 놓이면서 재무위는 드디어 한 건을 하게 된다. 그러나 정권 출범과 동시에 호기롭게 밀어붙인 9·27 조치는 경기 침체의 가속으로 얼마 못 가서 흐지부지되고 만다. 용두사미였다.

국보위가 존속한 동안 재무위는 수습하는 일이 많았지, 그럴듯한 개혁적인 조치나 정책을 만들어 낸 것이 별로 없었다. 오히려 다른 분과위원회에서 불어닥치는 개혁의 바람을 막아 내느라 수세적인 경우가 더 많았다. 대표적인 것이 김재익이 이끄는 경과위로부터 불어닥친 금융 자율화 바람이었다.

사실 군인이 정권을 잡고 정치가 꽁꽁 얼어붙은 상황에서 금융 자율화의 필요성이 역설되었다는 것 자체가 돌이켜 생각하면 신기한 일이었다. 아무튼 국보위의 여러 분야가 전두환 상임위원장의 '경제 선생님' 김재익 경과위원장에 의해 주도되어 감에 따라 금융 면에서도 그가 주장하는 자율, 개방의 목소리가 점차 커져 갔다.

이 시류를 타고 한국은행이 중앙은행 독립성 보장을 들고 나오면서 금융 자율화 움직임은 한층 탄력을 받게 된다. 논리는 간단했다. 금융 자율화의 핵심은 관치금융의 청산인데, 금융을 시장 기능에 따라 자유롭게 만드는 데는 정부에 예속되어 있는 중앙은행의 독립이 선결 요건이라는 것이다.

상황이 이렇게 흘러감에 따라 자연히 금융정책의 주무부처인 재무부가 도마에 오를 수밖에 없었다. 아무래도 팔이 안으로 굽게 마련이라고 국보위 재무위는 재무부의 편에 서야 했다. 논쟁은 재무위와 경과위의 대립으로 치달았다. 경과위는 김재익을 중심으로 과감한 금융 자율화를 주장했고, 재무위는 재무부와 연합전선을 펴면서 점진적 개선론으로 맞섰다. 하도 줄다리기가 팽팽한 나머지 이기백 운영위원장이 중재에 나서야 했다. 외부 전문가까지 동원해서 토론회까지 벌였다. 그러나 이미 대세는 과감한 금융 자율화 쪽으로 기울어 갔다. 군인들은 지켜보는 입장이었는데, 전문적인 내용은 둘째 치고 아무래도 '개혁'적인 쪽으로 기우는 분위기였다. 새로운 실력자로 부상한 문희갑(후일 예산실장)이 운영위의 힘까지 개혁론 쪽으로 몰아 줬다.

혁명적인 기운이 가시기 전에 시중은행의 민영화도 한꺼번에 밀어붙이는 한편, 재무부로부터 한국은행을 독립시키자는 것이 금융 자율화의 골자였다. 한은의 독립 문제는 박정희 정권 때도 여러 차례 논란을 거듭해 왔던 해묵은 과제였다. 한국은행으로서는 절호의 기회였다. 당시 한은 총재 신병현(후일 상공부장관을 거쳐 부총리 겸 경제기획원장관을 두 차례 역임한다)의 이름으로 국보위에 제출한 「금융자율화를 위한 건의」는 이렇게 시작하고 있다.

소직이 과거 22년간 중앙은행에 봉직해 오면서 경험을 통해 얻은 결론은 흔히 세간에서 말하는 "한국은행은 재무부의 남대문출장소"라는 표현이 과언이 아니라는 사실입니다. 앞으로 정당정치가 구현될 경우 정치권력에 의한 금융 거래를 방지할 길이 없어 (…) 따라서 차제에 중앙은행과 일반은행을 재무부 산하에서 완전히 분리시켜 자율 운영토록 하는 것이 초미의 과제라고 사료됩니다.

한은 총재의 이 같은 호소는 당시의 분위기를 타고 상당한 설득력을 발휘했고, 반면에 재무부는 안간힘을 썼으나 역부족이었다. 한은법 개정을 주제로 공청회를 열었는데, 공청회 참석 토론자를 한국은행 측이 알아서 고르라고 할 정도였으니 이미 끝난 게임이었다. 다름 아닌 실세 군인들이 중앙은행의 독립의 강력한 후원자였으니 말이다.

김재익은 이때부터 특유의 개혁 의지를 실천에 옮겨 나간다. 한국은행의 독립을 아예 헌법 조문에 못 박자는 내용을 포함시켰다. 설령 정권이 바뀐다 해도 헌법을 고치지 않는 한 중앙은행 독립을 번복할 수 없도록 아예 대못을 박아 버리겠다는 것이었다. 역대 한은 총재들은 따로 자리를 만들어 박수를 치며 자축연까지 했다. 중앙은행 사람들에게는 꿈의 실현이었다.

그러나 너무 일찍 샴페인을 터뜨렸다. 국보위는 한은 독립 문제를 사실상 매듭지어서 새로 출범하는 정부에 넘겼다. 국보위가 만든 금융 자율화 계획은 신임 전두환 대통령에게 올라가는 첫 번째 결재 서류였다. 이날 보고 자리에는 국보위 이기백 운영위원장, 김재익 경과위원장, 문희갑 운영위원, 이승윤 재무장관 등 4명이 참석했다. 앞의 세 사람은 첫 번째 결재 서류에 대통령이 당연히 오케이 사인을 할 것으로 여겼다. 주무장관 이승윤은 국보위 최종안에 사인을 하면서 '시기상조'라는 사실상의 반대 의사를 표명해 놓은 상태였으나 대세는 여전히 한국은행 독립 쪽이었다. 그러나 전혀 뜻밖의 사태가 벌어졌다. 보고를 듣고 난 대통령이 "금융 자율화처럼 중요한 문제를 서둘러서는 안 된다. 재무장관 말대로 시간을 가지고 추진해 나가라"며 재무부의 손을 들어 주는 것 아닌가. 대통령으로부터 사전에 아무런 언질을 받지 못한 김재익도 당황했다. 그동안 국보위에서 활발한 토론 과정을 거쳤을 뿐 아니라 상임위원장(대통령)도 충분히 납득시켰다고 믿었기 때문이다.

왜 전두환은 갑자기 생각이 달라진 것일까? 비록 금융 자율화가 뜻하는 바를 정확히 알지 못한다 해도 본인 스스로도 여러 차례 중앙은행 독립의 필요성을 강조해 왔고, 더구나 대통령 자리에 앉아서 첫 결재 서류에 NO 사인을 할 것으로는 아무도 예상하지 못했다. 첫 번째 가정교사 박봉환의 반대가 막판에 대통령의 마음을 움직였다는 사실을 아무도 눈치채지 못한 것이다.

한국은행 독립을 헌법으로 보장하는 안이 확정되었다는 사실을 뒤늦게 알게 된 재무부 차관 박봉환은 대통령 취임 직전에 국보위 상임위원장실로 황급히 찾아갔다. 간곡한 어조였으나 강하게 한국은행 독립을 반대했다.

"금융 자율화도 좋지만 한국은행을 헌법기관으로 만들어서 어떻게 하려고 하십니까? 그랬다가는 아무 일도 못 하십니다. 통화신용정책의 최종 책임은 정부가 져야 하는 겁니다."

박봉환의 설득에 전두환은 바로 마음을 바꿨다. 중앙은행 독립 문제가 단순히 경제 논리로만 풀 문제가 아니라 통치 차원에서도 민감한 정치적 결정이라는 점을 깨달은 것이다. 결국 대통령의 재검토 지시에 따라 금융 자율화 계획에서 한국은행의 헌법기관화 부분이 빠지게 된다.

중앙은행 독립 작전은 대통령과 재무부의 막판 뒤집기로 좌절되었으나 승부는 이것으로 끝난 게 아니었다. 경제수석 자리에 앉은 김재익은 끊임없이 자율화 정책을 밀고 나갔고, 대통령도 그의 노선을 적극 지지했다. 김재익은 생각이 안 바뀌면 사람을 바꿔야 한다는 결론에 도달했다. 대통령의 허락을 얻어 급기야는 재무부에 대한 대대적인 물갈이 작전에 나섰다. 관치금융의 본산인 재무부 사람부터 갈아 치워야 금융 자율화가 가능하다고 판단한 것이다. 장관, 차관을 비롯한 요직에 몽땅 기획원의 개방론자들을 발령 냈다. 재무부가 이처럼 초토화된 것은 건국 이래 초유의 '사건'이었다. 일개 수석비서관이 이 같은 일을 꾸미고 실천에 옮기는 것은 물론 대통령의 절대 신임이 있었기에 가능했다. 1982년 초의 일이었다.

그러나 기획원 개방론자들의 재무부 점령은 얼마 가지 못해서 원래 상태로 되돌아가고 만다. 장관이 바뀌고 간부들도 고스란히 제자리로 돌아왔다. 금융 자율화가 하루아침에 우지끈뚝딱 이뤄지는 게 아니었던 것이다.

전두환의 경제 공부

사람마다 타고나는 성향이나 취향이 있다 한다. 역대 대통령 중 노태우나 김영삼의 경우 아무리 경제 이야기를 해 봤자 마치 소 귀에 경 읽기나 마찬가지였다. 숫자 몇 개만 거론해도 이내 골치 아파했다. 반면에 김대중 같은 경우는 수치에 밝았다. 한번 들은 숫자는 아무리 복잡해도 여간해서 잊어버리지 않는다. 타고나는 것인가. 그런 면에서는 전두환이 김대중 과에 속한다고 할 수 있다.

전두환은 군 시절에도 다른 군인에 비해서 유난히 경제에 관심이 많았다. 청와대 경호실 차장으로 박정희 대통령의 지근거리에 있었던 터라 나라경제 현안에 대해서도 어느 정도는 귀가 열려 있었다. 그러다가 본격적으로 경제를 이론적으로 배우기 시작한 것은 보안사령관이 되면서부터였다. 설마하니 이때부터 가까운 장래에 자신이 대통령이 될 것을 대비해서 경제 공부를 시작했겠는가. 다만 보안사령관이라는 자리에 수많은 경제 관련 정보보고가 올라오니, 이를 제대로 소화하기 위해서라도 제대로 된 경제 공부가 필요하다고 판단한 것이다. 정보기관 사이의 경쟁도 작용했을 것이다. 중앙정보부에서는 경제정책에 깊이 간여하고 있었던 반면, 보안사령부로서는 아무리 경쟁 관계에 있었다고 해도 경제 분야에서는 중앙정보부의 상대가 되지 못했다. 그러니 사령관으로서는 작금의 한국경제가 무엇이 문제인지 궁금했을 법도 하다.

전두환의 경제 공부는 단순히 외부 강사의 특강이나 듣고 관련 책이나 읽어 보는 정도가 아니었다. 아예 족집게 과외를 시작한 것이다. 첫 과외 선생은 박봉환이었다. 1979년 여름, 대통령 직속 자문기구인 경제과학심의회(경과심) 사무국장 박봉환이 보안사령관실로 은밀히 불려 갔다. 당시 박정희 대통령의 신임이 두터웠던 경과심 상임위원 장덕진의 추천이었다.

"60만 대군을 지휘하다 보니 경제를 모르고서는 안 되겠다는 생각이 듭디다. 재무부의 이재국장도 지냈고 박 대통령의 신임도 두터운 경제 관료라 들었는데, 나한테도 경제 공부를 시켜 줬으면 합니다."

전두환의 경제원론 과외공부는 이렇게 시작되었다. 전두환의 경제 지식이라고 해 봐야 기껏 기업 동향 보고에 그쳤을 뿐 저축률이니 국제수지, 환율 조정 등의 단어가 나오면 깜깜했다. 오로지 대통령 박정희가 경제 상황을 어떻게 생각하고 있는지, 그의 정책 의지가 무엇인지를 궁금해 한 것이 전부였다.

박봉환은 경제정책이 무엇인지부터 시작해서 왜 인플레이션이 나쁘고 물가 안정이 왜 중요한지를 기초부터 하나하나 가르쳤다. 일주일에 두세 차례씩 3개월여 과외를 계속하는 동안 전두환이 경제에 눈을 뜨기 시작한다. 박봉환은 적절한 비유를 들어 가며 경제를 가르쳤고, 전두환은 한 마디도 놓치지 않는 성실한 학생이었다. "인플레는 공산주의보다 더 나쁜 것이다, 히틀러의 양아들이다"라든지, "레닌은 자본주의 붕괴를 위해서는 그 나라 통화가치를 떨어뜨리라고 했다"는 식의 강의는 평생 군복을 입고 살아온 그의 머릿속에 쏙쏙 들어박혔다. 전두환은 자신의 경제 지식이 쌓여 가는 것에 스스로가 대견스러웠던 나머지 보안사 간부들을 상대로 한국경제 특강을 하겠다고 나설 정도였다.

얼마 있지 않아 10·26이 터졌고, 혼란 끝에 권력은 다시 군부에게 넘어갔다. 전두환은 첫 번째 경제 선생 박봉환을 재무차관 자리에 보내고 박봉환의 천거로 김재익을 다음 선생에 앉혔다. 김재익을 과외 선생으로 해서 전두환의 경제 공부는 더욱 강도를 높여 나가게 된다. 국보위 상임위원장이 된 후에도, 청와대에 들어가서도 그의 경제 공부는 끊임없이 계속된다.

김재익의 부인은 당시 상황을 이렇게 회고했다.

남편은 곤혹스러워 했다. 그러나 국보위의 서슬이 워낙 퍼럴 때여서 선택의 여지가 없었다. 경제 선생으로 낙점된 사실을 통보받은 다음 날 새벽 5시 반에 자동차가 와서 남편을 실어 갔다. 그날부터 전두환 상임위원장의 연희동 집으로 가서 매일 2시간씩 강의를 하고서 기획원 자기 사무실로 출근하는 가정교사 생활이 시작된 거다.

김재익은 경제의 기본 원리부터 시작해 한국경제의 당면 과제와 처방에 이르기까지를 특유의 명쾌한 논리로 차근차근 강의해 나갔다. 선생과 학생의 관계는 단시간에 믿을 수 없을 만큼 급속히 가까워져 갔다. 어떤 날은 퇴근한 김재익을 불시에 찾기도 했다. 집으로 향하는 자동차 안에서 삐삐가 울리는 바람에 김재익은 도중에 내려서 황급히 공중전화로 대통령에게 직통 다이얼을 돌렸다.

"아침에 설명했을 때는 알 것 같았는데… 다시 한 번 설명해 보게나."

김재익은 한참 동안 공중전화나 다방 전화통을 붙들고 아침에 했던 강의를 되풀이해야 했다. 선생도 학생도 열심이었다.

담임선생은 김재익이었으나 전두환은 그에게만 의존하지 않았다. 김재익의 천거로 다음 과외 선생은 김기환(후일 KDI 원장 등 요직에 중용된다)이 맡게 된다. 그 밖에도 전혀 생각이 다른 상공부 출신의 차수명이나 경제기획원 서석준 등을 사안별로 따로 불렀고, 육사 출신의 유갑수(국민대 교수) 등 '단과반' 강사들을 수시로 초치했다.

경제 공부에도 불구하고 대통령 자리에 앉고 나서 초기 얼마 동안은 어려움이 적지 않았다. 내용이 상반되는 서류에 함께 결재 사인을 하는 바람에 부처 간에 싸움이 벌어지기도 했다. 말썽이 일자 "사인은 내가 그 서류를 봤다는 뜻"이라며 얼버무려서 주변을 당황케 했다.

이런 일도 있었다. 김재익 경제수석이 정책금융 폐지를 실천에 옮기는 계획을 성안해서 대통령이 주재하는 관계장관회의에 올렸다. 경제부총리, 재무장관, 한은 총재까지 참석한 자리였는데, 관치금융의 핵심인 정책금융 폐지는 매우 민감한 사안이었고, 주무부서인 재무부의 강력한 반발은 당연히 예상됐던 일이었다. 대통령은 갑자기 회의 진행을 중단하고 아무 상관 없는 박봉환 동자부장관을 찾았다.

"잠깐, 금융은 박 장관이 잘 아니까 박 장관을 불러서 물어봅시다."

실소를 금치 못할 일이었다. 관계 장관들의 체면이고 행정 계통이고 간에 대통령은 미심쩍은 것은 자신이 신뢰하는 초대 가정교사한테 확인해 보는 게 상책이라고 여긴 것이다.

사실 초기에는 김재익 경제수석이 추진하는 과감한 개혁 정책에 주위의 반대가 많았고, 대통령 스스로도 긴가민가하는 경우가 적지 않았다. 그럼에도 불구하고 전두환의 경제 공부는 유난

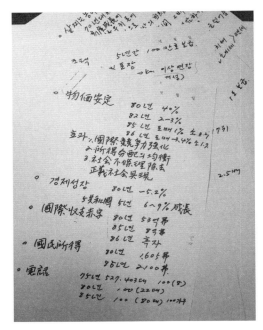

전두환은 자신이 익힌 경제 현황을 자필로 정리한 것을 늘 가지고 다니며 숙지했다. 때로는 강의록으로 사용하기도 했다.

했다. 대통령이 되고 나서도 꾸준하게 계속된다. 아침 공부를 시작으로 하루 일과를 소화할 정도로 학습열이 높았다. 특히 초기 공부의 학습 효과는 정책의 골간을 짜 나가는 데 견고한 경제관을 확립시켜 줬다. 수없는 난관에도 불구하고 줄기차게 물가 안정 정책을 최우선으로 삼아 밀고 나갈 수 있었던 것도 탄탄한 경제 공부를 통해 갖게 된 일종의 신념에서 비롯된 것이었다. '물가가 불안하면 경제 성장도 국민소득 증가도 무의미하다'는 사실 하나만은 그에게 움직일 수 없는 신념이자 철칙이었다. 박정희 말기 경제가 안겨 준 교훈이기도 했지만, 경제 선생들로부터 체득한 영향이 그만큼 컸던 것이다.

무엇보다도 경제 원리를 깨우쳤다는 점이 두고두고 힘을 발휘한다. 첫째, 경제는 시장의 수요와 공급에 의해 결정되는 것이지 정부 힘으로 되는 것이 아니다, 둘째, 기업이든 나라든 흑자를 내야 한다, 셋째, 경제는 '실질'의 개념이 중요하다는 것 등을 공부를 통해 이해하게 된 것이다. 그랬기에 '봉급이 아무리 올라도 인플레가 심하면 오히려 돈 가치가 떨어져 실제 소득은 줄어든다'는, 이른바 '명목'과 '실질'의 개념을 정확히 이해한 대통령이 된 것이다. 세 마리 토끼에 비유되는 성장, 물가, 국제수지의 상호 연관성까지도 십분 이해했다. 사실 쉽지 않은 공부였을 텐데도 말이다.

김영삼은 이런 문제에는 관심도 없었고, 경제 선생 박재윤 경제수석이 아무리 열심히 강의를 해도 집권 내내 이해하지 못한 채 임기를 마친 대통령이었다. 그에 비하면 전두환은 경제 대통령으로서의 기초를 초반부터 열심히 닦아 나갔다.

"돈 풀자는 얘긴 꺼내지도 마라"

시간이 흐르면서 전두환은 학생에서 선생으로, 전문가로 스스로 업그레이드시켜 나갔다. 1982년을 전후해서는 경제정책에 대해 상당한 자신감을 갖기 시작했다. 그동안의 공부로 경제를 보는 안목이 높아졌을 뿐 아니라, 무엇보다도 물가가 빠른 속도로 안정되어 갔기 때문이다.

"봐라, 내가 해 보이지 않았는가."

경제의 기본 개념조차 몰랐던 그가 어느새 비평가로까지 올라섰다.

"학자들은 공허한 이론만 주장하지, 현실이 어떻게 돌아가는지 모른단 말이야. 안목이 그렇게 좁아서야 어떻게 하느냐."

경제학자들을 상대로 이렇게 꾸짖는 경우가 다반사였다. 경제 장관들도 대통령으로부터 걸핏하면 경제 강의를 들어야 했다. 선진국의 경제 동향에서 과학기술정책의 중요성에 이르기까지, 때로는 너무 떠벌리는 바람에 측근들이 조마조마해 하는 경우가 적지 않았다.

강의만 하는 게 아니라 정책의 구체적인 집행 사항까지 일일이 챙겼다. 대통령이 나서서 금리는 몇 퍼센트, 통화량은 얼마, 국제수지는 어떻게…. 설령 이견이 있어도 어느 누구도 감히 토를 달 수 없는 분위기가 자주 연출되었다.

"돈 풀자는 이야기는 내 앞에서 꺼내지도 마시오. 돈을 풀면 물가가 오르는 것은 당연한 이치인데, 통화량 증가 정책을 쓰면 어떻게 하자는 거요?"

통화정책만이 아니었다. 골치 아픈 환율정책도 마찬가지였다. 당시 국제수지가 적자인 상황에서 수입 개방 정책을 펼 때였으므로 환율 인상이 불가피하다는 것이 국책연구소인 KDI의 결론이었고, 서상목 부원장이 용기를 내서 대통령에게 이를 보고했다.

"이봐요, 서 박사. 환율이라는 게 그렇게 간단한 게 아니오. 환율을 올린다고 해서 수출이 장기적으로 늘어난다는 보장도 없을 뿐 아니라, 물가 상승 효과도 함께 따져 봐야 할 게 아니오. 환율을 올리면 물가를 자극할 게 뻔한데, 왜 그런 생각은 못 하지? 물가가 안정될 때까지는 일체 환율 인상 이야기는 꺼내지도 마세요."

물론 회의 전에 김재익 경제수석에게서 받은 사전 설명을 토대로 한 것이었겠으나, 그 점을 감안한다 해도 참모로부터 들은 설명을 즉각 자기 목소리로 소화해서 확성시키는 일이 어디 아무나

經濟首席 貴下.
馬山에서 金型製作機械를
研究했다는 17일 K.B.S. RADIO.
○○아홉 NEWS 에서 報導했던
事實與否 確認 해서 報告
必要하다면 洪秘書官을
現地 派遣 確認 토록
하시오 .

경제수석에게 지시한 메모. 전두환은 뉴스를 열심히 챙겼고, 관심사를 곧바로 수석에게 지시했다.

흉내 낼 수 있는 능력인가.

전두환은 천성이 호방한 성격에 말하기를 좋아했다. 언론에도 다르지 않았다. 신문·방송의 경제부장들을 청와대로 점심 초대를 한 자리였다. 언론으로부터 세상 돌아가는 이야기도 듣고 정부 경제정책에 대한 언론의 시각도 기탄없이 들어 본다는 취지로 마련된 것이다.

"경제에 대해 내가 뭘 알겠습니까만…" 하며 시작한 대통령의 경제 강의는 점심 식사가 끝날 때까지 내내 이어졌다. 사단장 시절 웃돈 주고 시멘트를 사서 부대 막사를 지어야 했던 에피소드부터 시작해서 세계경제의 흐름에 이르기까지, 그야말로 무소불통이었다.

청와대 출입기자들은 진해의 여름 별장에 수행 취재 갔다가 대통령한테 감동의 경제이론 강의를 듣기도 했다. 대통령이 기자들을 상대로 경제학에 나오는 피셔의 화폐교환방정식 'MV=PT'를 설파한 것이다.

"사채 파동으로 인해 시중 돈이 다른 때보다 비록 많이 풀리긴 했어도 걱정할 것 없어요. 기자분들, 'MV=PT' 알아요? 풀린 돈(M)이 많다 해도 돈이 도는 유통속도(V)가 느리면 물가에 미치는 영향은 크지 않은 겁니다. 그러니 요즘 시중에 돈이 좀 많이 풀렸다고 해서 인플레를 걱정할 필요가 없다는 거요."

정치부 소속인 청와대 출입기자들은 전문가 수준의 경제 강의에 놀랐고, 대통령은 으쓱했다.

전두환은 스스로가 '경제 대통령'으로 역사에 기록되고 싶어 했다. 나름대로의 경제관을 가지려고 부단히 노력했다. 하루는 경제수석을 불러서 메모지 몇 장을 건네주었다.

"내가 밤늦게 정리해 본 것인데, 당신이 한번 읽어 보고 코멘트를 해 주시오."

곧 있을 지방 순시 때 물가 안정의 필요성을 강조하려고 만든 자신의 강의록인데 틀린 데가 있으면 손질을 해 달라는 것이었다.

경제수석이 써 준 대로 읽으면 될 일인데, 스스로 강의록 초안을 작성한 것이다. 김재익은 메모지를 읽고 나서 깜짝 놀랐다. 한 자도 고치지 말고 그대로 정서할 것을 아래 실무자에게 지시했다. 틀린 내용이 없을 뿐 아니라, 그간의 학습 내용을 충분히 소화했음을 입증하는 훌륭한 강의록이었기 때문이다. 강의록의 수준이 전문가임을 자처할 만했던 것이다.

선생 김재익

전두환 경제 이야기를 더 진전시키기 전에, 김재익이 어떤 인물인가에 대해서 따로 살펴봐야겠다. 이미 여러 차례 그의 이름이 거론되었지만, 전두환 경제를 논하는 데 김재익이라는 인물을 빼놓을 수 없다. "경제는 당신이 대통령이야"라는 말을 직접 들었을 정도로 경제에 관한 한 김재익은 전두환으로부터 절대적 신임을 받았다. 과연 그는 어떤 인물이었기에 아무 연고도 없던 전두환의 마음을 그처럼 사로잡았던 것일까?

김재익은 대학에서 정치학을 전공했으나 한국은행 생활을 통해 경제에 눈을 떴으며 본격적으로 경제학으로 진로를 바꿨다. 미국 스탠퍼드대 경제학 박사를 하면서 일생의 진로를 안내해 준 남덕우와의 운명적 만남이 이뤄진다. 수학에 뛰어난 수재였고, 청렴하고 고지식했다. 유순해 보이는 외모와는 달리 그가 갈고 닦은 논리는 강철같이 단호했다. 기획국장 시절에는 매일 점심 도시

락을 싸 가지고 다녔고, 친절한 성품이었으나 주위 사람들과 잘 어울리는 편이 못 됐다. 그러면서도 설득력이 뛰어났다. 특히 복잡한 경제이론을 쉽게 설명하는 능력이 탁월했고, 전두환에게는 이 점이 결정적이었다.

위와 같은 서술은 그의 이력서에 불과하다. 그를 좀 더 이해하려면 실제로 어떤 삶을 살아왔는가를 살펴봐야 한다. 그는 샌님처럼 얌전했지만 일에 관한 한 파격을 마다하지 않아 자주 주위를 놀라게 했다. 한국은행 재직시에 당시로서는 생각도 못 할 가로쓰기를 고집했고, 한자 일색의 보고서를 모조리 한글 표현으로 바꿔 쓰는 바람에 윗사람의 질책도 많이 받았다.

그는 조용한 개혁주의자로서 가는 곳마다 사고(?)를 쳤다. 첫번째 친 사고가 부가가치세 도입 작업이었다. 청와대 경제수석비서관실에 파견 발령을 받고 나서다. 그가 맡은 일은 부가세 도입의 이론적 바탕을 마련하는 것이었다. 그는 거침없이 밀어붙였다. 반대에 부딪히면 상대가 누구이든 집요하게 설득했다. 직속상관인 김용환 경제수석이 한때 신중한 입장을 보이자 그를 건너뛰어 김정렴 비서실장에게 직접 보고서를 제출하기도 했다. 1977년 박정희 대통령 주재로 열린 마지막 회의에서 김정렴 비서실장의 막판 뒤집기로 부가세 도입이 결정된 데는 김재익의 역할이 컸다.

그는 철저한 시장주의자였고, 개방경제를 추구했다. 정부 역할을 줄이고 민간 주도 경제로 신속히 이행해야 한다고 믿었다. 그러기 위해서는 당장 정부는 무리한 성장 주도 정책을 포기하고 강력한 안정화 정책을 펴야 한다고 판단했고, 정책금융 등 제도를 과감히 폐지해야 한다고 주장했다. '안정, 자율, 개방'이 그의 캐치프레이즈였다.

남덕우 부총리의 이례적인 발탁 인사로 기획국장에 앉은 그는 드디어 물고기가 물을 만난 격이었다. 하지만 좌절과 실패의 연속이었다. 정통 경제 관료들을 포함해 기득권자 그룹에 포위되기 일쑤였다. '현실을 모르는 이상론자'로 따돌림을 당했다. 요직 중의 요직이라고 하는 기획국장 자리에 앉았음에도 할 수 있는 일이 없었다. 세계은행 등 외국 사람들을 상대로 한국경제를 영어로 브리핑하는 일이 고작이었다.

결국 김재익은 실패한 관료였다. 견디다 못한 그는 관료로서의 입신을 포기하고 KDI 연구위원으로 보내 줄 것을 자청했다. 그러나 공교롭게도 사표를 제출한 날, 그의 운명을 바꾸는 국보위 행을 통보받게 된다. 전두환의 첫 번째 가정교사 박봉환이 재무차관으로 승진 발령을 받으며 자신의 후임에 김재익을 천거한 것이다.

"물가 안정이 최우선이라는 큰 틀에서 김재익과 나는 생각이 같았다. 더 중요한 것은 김재익은 나와 생각이 다른 점이 있긴 해도 성품이 올바르고 정직한 인물이라는 점이다."

후일 박봉환은 김재익을 자신의 후임으로 추천한 이유를 이렇

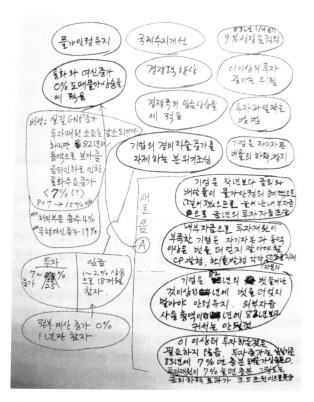

김재익이 '세 마리 토끼'로 불리는 물가·국제수지·성장의 상관관계를 전두환에게 가르치며 사용했던 강의 자료. 김재익은 어려운 경제 이론이나 복잡한 경제 현상을 도해를 통해 쉽고 명쾌하게 설명하는 재주가 탁월했다.

게 말했다.

　김재익은 망설였다. 본인의 평소 인생관이나 철학을 기준으로 할 때 무력으로 집권한 신군부에 협력한다는 것이 도무지 마음

내키지 않았다. 그는 고민 끝에 국보위행을 결심했다. "시장경제가 발전하는 나라는 결국 민주주의 사회로 갈 수밖에 없다"는 논리로 자신의 생각을 합리화하고 전두환의 부름에 기꺼이 응하기로 한 것이다.

새 권력의 핵심부에 들어갔으나 처음부터 쉽지는 않았다. 최고 실력자의 조용한 일개 가정교사에 불과했으나 그것마저 견제를 받았다.

"당신 말이야, 허튼 소리 삼가고 어른을 똑바로 모셔야 해. 실정 모르는 미국 박사가 한국경제를 뭘 안다고 그래?"

술잔이 오가며 나름대로 우국충정을 토로하는 저녁 자리에서 새 정권의 주체 세력인 젊은 대령들로부터 김재익은 별의별 소리를 다 들었다. 술을 못하는 그는 맨정신에 고스란히 수모를 겪어야 했다. 그가 할 수 있는 것은 무저항주의로 버티는 일뿐이었다. 그렇다고 소신을 굽히는 일은 없었다. 안정, 자율, 개방이라는 자신의 경제철학을 새 통치권자의 머릿속에 하나하나 심어 나가는 일에만 진력했다.

전두환의 마음을 사면서 그는 드디어 자신의 꿈을 펼칠 수 있는 마지막 기회를 만나게 된다. 국보위의 경제과학위원장으로서, 또한 최고권력자인 상임위원장의 경제 가정교사로서 입지를 굳히는 데 성공한 김재익은 새 정부의 출범과 함께 자연스럽게 청와대로 입성해 경제수석이 된다. 오케스트라를 완벽하게 장악하는 막강한 지휘자로 군림하게 된 것이다.

아랫사람에게도 깍듯한 존댓말을 쓴 그는 대통령 이외에는 누구의 논리와도 타협하지 않았다. 자신이 구상해 온 그랜드 디자인을 거침없이 그려 나갔다. 여기에 반대하는 세력은 과감하게 제거하는 일도 서슴지 않았다. 상상도 못 했던 예산 동결을 비롯해 여당의 반발을 무릅쓴 추곡 수매가와 임금 억제 정책, 수입 자유화, 나아가서는 금융실명제에 이르기까지 거의 모든 주요 정책들이 그의 머릿속에서부터 출발했다.

그는 단순한 경제학자가 아니었다. 당시 워커 주한 미국 대사는 어느 파티에서 김재익의 부인 이순자에게 이런 질문을 던졌다.

"당신의 남편은 어떤 사람이라고 생각하십니까?"

"글쎄요. 이코노미스트라고 해야겠지요."

"천만의 말씀, 김 박사는 결코 단순한 경제학자가 아니에요. 그는 오히려 고수의 정치가(shrewd politician)라고 해야 할 겁니다."

워커 대사의 이 말은 매우 일리 있는 평이었다. 김재익의 개혁 의지는 비단 경제 분야에만 국한된 것이 아니었다. 군인들은 말할 것도 없고, 직업 관료 사회에서조차 현실을 모르는 책상물림의 백면서생 정도로 무시당했던 그가 막상 최고권력자로부터 힘의 지원을 획득하게 되자 엄청난 영향력을 발휘해 나간 것이다. 논리로 무장된 자신의 생각을 현실 속에 실현해 나가는 데 전심전력 했다.

전두환의 절대적 지지와 후원이 있었기에 모든 것이 가능했다. 전두환의 김재익에 대한 신뢰는 절대적이었다. 나중에 논하겠으나 금융실명제 실시 여부를 놓고 김재익과 신군부 간에 심각한 대립 상황이 벌어졌을 때, 대통령은 신군부의 핵심이자 12·12 거사를 함께 주도했던 허화평을 내치면서까지 김재익을 보호했을 정도다. 전두환 다음가는 최고의 군부 실세가 나약한 경제학자 김재익한테 나가떨어진 셈이다.

초유의 마이너스 물가상승률

노태우 경제가 천국에서 집권했다면 전두환 경제는 지옥에서 시작했다. 경기는 집권 후 4년여 동안 불황에서 벗어나지 못했다. 아무리 독재정권이라도 정치적으로 견뎌 내기 어려웠다. 때때로 부양을 위한 정책을 펴기도 했다. 그러나 정책 우선순위에서 물가 안정이 뒤로 밀린 적은 단 한 번도 없었다. 그만큼 전두환의 머릿속에는 인플레 퇴치가 최우선 과제임이 분명하게 각인되어 있었다.

당시의 인플레가 과연 얼마나 심각했는가. 사실 한국 경제사에서 인플레는 어제 오늘의 문제가 아니었다. 해방의 혼란을 거쳐 3년이 넘는 6·25 전쟁, 그리고 박정희가 이끈 산업화의 성공 신화 속에서도 언제나 인플레는 치유 불능의 만성 질환처럼 괴롭혀 왔다. 10%냐 20%냐의 문제일 뿐, 한자리 물가상승률은 기대조차 하지 않았다. 1980년 물가상승률은 공식 통계로도 40%선을 넘나들었다. 다른 개발도상국들 역시 고질적 인플레가 만연되어 있었으므로 세계은행이나 국제통화기금(IMF) 같은 국제기구조차 그러려니 하며 웬만한 인플레는 필요악처럼 당연시해 왔었다.

한국의 경제 관료들은 달랐다. 1960년대의 한국경제가 성장 없이는 살아날 수 없었다면, 더 이상의 지속 발전을 위해서는 물가 안정이 절대적인 선결 요건임을 깨달았다. 지극히 어려운 일이었다. 경제 관료들이 누구인가. 사실 한국의 경제 관료는 세계 다른 나라에선 찾아보기 어려운 한국 특유의 집단이다. 박정희가 키워 낸 '박정희 키즈'들이다. 바로 그들이 박정희의 성장 정책을 뒤엎으며 정반대 방향인 물가 우선 정책으로의 전환을 부르짖고 나섰다. 신현확·강경식 콤비의 경제기획원, 그리고 박정희가 손수 창립한 KDI, 한국은행 등이 "성장은 이제 그만"을 주제로 한 '상소문'을 올리며 일제히 한목소리를 냈다.

물가가 그냥 잡힌 게 아니다. 안정화 정책이 결실을 맺기까지는 수많은 우여곡절을 겪어야 했다. 역사에서 '만약'이라는 가정이 무의미한 것이기는 해도, 만약 박정희 대통령이 계속 집권했다면 안정화 정책은 어찌 되었을까? 과연 성공했을까?

시작이 중요했다. 마땅히 정부가 칭찬받아야 할 것은, 엉터리 통계를 바로잡는 일부터 시작했다는 점이다. 말이 쉽지, 엉터리 통계를 정부 스스로 바로잡는 게 얼마나 어려운 일인가. 행정력으로 억누른 관제 가격 제도를 포기하고 시장에서 실제 거래되는 가격을 제대로 통계 작성에 반영하기 시작했다. 이중가격도 없어지고 암시장도 자연히 사라졌다. 석유류 제품도 눈 딱 감고 시장 거래 가격대로 현실화했다.

결과는 충격적이었다. 2차 오일 쇼크가 겹치자 1980년의 도매물가(생산자물가) 상승률은 무려 42%가 넘었다. 이 바람에 기획원 물가국 실무자들은 감사원의 대규모 특별감사를 받았고, 무더기 인사 조치까지 취해졌다. 아무튼 그런 난리 속에서 엉터리 물가 통계를 바로잡음으로써 어차피 겪어야 할 선결 과제를 해결한 셈이다. 악순환 단절의 고통스런 첫걸음이었다.

전두환 정권이 시작되었다. 1980년 9월, 제11대 대통령이 된 전두환의 첫 과제는 역시 물가 안정이었다. 당시 상황을 물가총괄 과장 김인호의 회고를 통해 살펴보자.

　　경제기획원은 1981년의 물가 억제 목표를 연초 회의를 거쳐 20%로 잡고 있었다. 그 정도만 되어도 감지덕지였다. 그런데 어느 날 김재익 경제수석이 청와대로 회의를 소집했다. 조경식 예산실장과 진념 물가국장을 모시고 들어갔다. 김 수석은 물가 억제 목표를 한자리 숫자로 낮추라는 것이고, 우리 일행은 당연히 반발했다. 김재익 수석은 그런 자세로는 물가를 잡을 수 없다며 발상의 전환을 촉구했다. 그가

화를 내는 것을 처음 봤다. 부처 간에 충돌도 많았고, 부작용도 적지 않았다. 아무튼 그해 물가상승률은 도매 11.3%, 소비자 13.8%를 기록했다. 비록 한자리 숫자는 아니어도 믿기 어려운 대성공이었다.

대통령은 계속 몰아붙였다. 이번에는 경제수석을 통해서 물가 억제 목표를 한자리 숫자로 낮출 것을 공식적으로 지시한 것이다. 언론은 정부의 강력한 통제 하에 있긴 했어도 웬만한 비판 기사는 쓸 수 있었다. 경제기자로 경제기획원을 출입했던 필자는 정부 통계를 믿지 않았을 뿐 아니라 통계 조작을 의심했고, 설령 조작이 아니라 하더라도 그런 식의 강압적 물가 안정은 과거의 물가 관리와 다를 바 없다고 비판했다.

이듬해인 1982년의 물가 억제 목표는 우여곡절 끝에 10~14%로 잡혔다. 언론 브리핑에서 "잘하면 10% 선도 가능할 것"이라는 낙관론도 조심스럽게 내놨다(전두환은 이때도 자신은 한자리 숫자를 지시했다고 회고록에서 밝히고 있다). 하지만 결과는 너무도 뜻밖이었다. 그해의 소비자물가 상승률은 2.4%를 기록했으니 말이다. 도저히 믿기지 않는 숫자였다. 심지어 그다음 1983년에는 마이너스 0.8%였으니 물가정책에 관한 한 사소한 시비는 더 이상 여지가 없었다. 설령 대통령 지시 때문에 통계를 조작했다 해도 이렇게까지 조작할 순 없기 때문이다. 이로써 한국경제는 고질적 악성 인플레부터 완전히 해방됐다. 그렇게도 부러워하던 일본 같은 저물가 시대를 여는 데 드디어 성공했다.

수많은 난관을 어떻게 대처하고 극복했기에 이처럼 기대 이상으로 물가 안정을 성공시킬 수 있었던 것일까? 최소한 물가 안정에 관한 한, 전두환의 리더십을 별도로 살펴봐야 하는 이유다.

전두환이 경제 살리기에 올인하게 된 배경은 앞서도 언급했다. 하지만 고통을 요구하는 긴축 정책을 통해 물가 안정을 도모하는 일은 참으로 어려운 일이다. 그렇기에 한국경제를 한참이나 앞서가던 남미나 동남아 국가들이 지금도 인플레의 악순환에서 빠져나오지 못하고 정치 경제적 혼란을 거듭하고 있는 것 아닌가.

저물가 기조는 전두환 정권 내내 지속되었다. 강압적인 물가 관리였든 석유 값이 내린 덕분이었든, 어쨌든 간에 한국경제를 고질적인 악성 인플레 악순환에서 벗어나 선순환에 들어서게 한 것은 누구도 부인 못 한다.

대통령 전두환은 자나 깨나 물가 안정이었다. 여기에 배치되는 일체의 정책을 배격했다. 장관들에게는 "통화를 증발시키는 정책 보고를 하려면 보고서에 당신들의 사표를 첨부하시오"라고 으름장을 놓았다. 시중 돈줄을 조이는 금융 긴축 기조를 줄곧 견지했으며, 환율 인상 이야기는 꺼내지도 못하게 했다. 정부의 씀씀이 또한 파격적으로 줄여 나갔다.

회고록에서 밝힌 1981년 진해 기자회견 내용은 그대로 인용할 만하다.

> 일부에서는 경기 회복을 위해 돈을 더 찍어 내거나 금리
> 인하와 환율 인상을 주장하고 있으나, 나는 일시적이고 졸
> 속한 경기 부양은 꾀하지 않겠다. 돈을 마구 찍어서 우선 필
> 요한 부분에 나눠 주면 나도 인심을 얻고 얼마나 좋은가. 그
> 러나 그렇게 하다 보면 마침내 쌀 한 가마니를 사기 위해 돈
> 한 가마니를 지고 가는 일도 생길 수도 있다. 이 시점에서 가
> 장 중요한 것은 물가 안정이다.

모든 것이 고통을 감내하는 것이었기에 최고권력자의 결심과
의지가 무엇보다 중요했다. 정치적 이해와 직결되는 경우 더욱 그
랬다. 사실 어찌 보면 물가 안정은 경제 논리를 넘어서 정치와의
싸움이다. 이것은 고스란히 대통령의 몫이다. 대통령이 정치권의
압박에 방어막 역할을 해 주지 않으면 직업 관료들의 경제 논리
만으로는 이길 수 없는 싸움이다.

추곡 수매 가격 인상률을 어떻게 결정하느냐가 바로 그 예다.
지금은 없어진 제도이지만 이때만 해도 쌀 생산 농가를 보호하는
이중곡가 제도는 정치적으로 매우 민감한 사안이었다. 정부가 농
민들로부터 시중 쌀값보다도 비싼 값에 사들였기 때문에 그만큼
재정에서 돈이 나가야 했고, 그 돈은 한국은행에서 찍은 돈을 정

부가 빌려서 충당해 왔다. 소위 '양특적자'라는 것으로, 해를 거듭해 온 고질적인 통화 증발 요인이었다.

물가를 관장하는 경제기획원은 1981년의 추곡 수매 가격 인상률을 10%로 책정해 놓았고, KDI도 같은 생각이었다. 반면에 농민 편을 들어야 하는 농림수산부는 최소한 24% 인상안을 제시했고, 야당인 민한당은 45.6% 인상을 주장했다. 수매량도 기획원이 계획하고 있던 600만 섬이 아니라 900만 섬은 돼야 한다는 것이었다.

결국 국회에서 한 판 싸움이 벌어졌다. 그야말로 정치와 경제의 대결이었다. 신병현 부총리 겸 경제기획원장관은 전례 없이 한 발도 물러서지 않았다.

"국민 모두가 물가 안정의 고통을 분담해야 합니다. 추곡 수매 가격을 20% 이상 인상할 경우 그에 따른 통화 증발을 감당할 재간이 없습니다. 오히려 정부의 수매 가격보다 방출 가격을 높여 나가야 합니다."

국회의원들은 기가 막혔다. 정부가 농민한테서 사들이는 쌀값 인상은 억제하고 소비자한테 파는 값을 더 올려야 한다는 주장을 경제부총리가 국회에서 펴고 있으니 말이다.

오후 3시부터 다음날 새벽 4시 다 되어서까지 마라톤 회의가 계속되었으나 신병현은 10% 인상 방침의 불가피론만 앵무새처럼 되풀이했다. 여당인 민정당 의원들까지도 "살농(殺農) 정책"이라며 부총리를 몰아세웠고, 야당의 정치 공세는 더 말할 나위가 없었다. 다급해진 민정당은 당정 협의를 통해 정부의 양보를 촉구했고, 이에 기획원 측은 12%까지는 양보하겠다고 물러섰다. 이 같은 싸움을 지켜보고 있던 대통령은 14%로 최종 결정해서 마무리 지었다. 자신의 정치적 배려 몫으로 2%를 얹어 주고도 야당이 주장한 인상율의 4분의 1수준으로 낮춘 셈이다. 물가 안정 정책이 정치의 벽에 부딪치자 대통령이 나서서 결론을 낸 것이다.

경제기획원은 쾌재를 불렀다. 부총리가 국회에서 시치미 딱 떼고 버틸 수 있었던 것은 다름 아닌 대통령이 뒤에 버티고 있었기 때문이었다. 정치권도 대통령의 단호한 뜻임을 알았기에 더 이상 어쩌지 못한 것이다. "정치적 요인은 내가 해결해 줄 테니 소신껏 하라"는 평소 이야기가 허언이 아니었다. 물가 안정은 전두환에게 경제가 아니라 정치의 전부였다.

인사도 한목소리를 내도록 짰였다. 박정희 말기의 신현확이 첫 물꼬를 튼 이후, 두 경제 선생 박봉환·김재익이 전두환을 철저한 안정론자로 세뇌시켰고, 정책 실천은 강경식·신병현·문희갑 등이 고집스럽게 밀어붙였다. 안정화 정책의 전도사를 자처했던 강경식은 전두환 정권 들어 재무장관, 비서실장의 요직에서 지속적으로 영향력을 발휘했다. 신병현은 경제부총리를 두 차례 역임했을 정도로 전두환의 신임이 두터웠다. 웅암(熊巖, 곰바위) 선생이란 별명이 붙었을 정도로 고지식하고 청렴했던 신병현은 전두환 정권이 전면에 내세웠던 긴축 정책의 아이콘이었다. 골수 한국은행 출신으로 총재 시절(박정희 말기)에는 35%(1979년)에 달했던 총통화 증가율을 단숨에 24.6%로 끌어내린 장본인이다. 문희갑은 물불을 가리지 않고 세출예산 동결을 밀어붙여 정부의 만성적인 적자 재정 행진을 끊었다. 물가 안정을 위한 전두환 용병술의 한 단면이다.

강력한 임금 억제 정책도 한몫을 했다. 생산성 향상 안에서 임금 인상률이 결정되는 것이 바람직하다는 이론이야 누가 모르겠나. 하지만 이것을 실천에 옮겨 나가는 것은 정치 사회적 영역의 일이다. 그럼에도 전두환은 지금 같으면 말도 안 되는 민간기업 임금 억제를 강력히 밀어붙였다. 전경련 등 경제단체장들을 통해 정부의 뜻을 하달했고, 주요 개별 기업 오너들에게도 협조를 요구했다. 사실상 강압이었다. 노조의 반발은 당연했으나 서슬 퍼런 권위주의 통치 아래서 어쩔 수 없이 정부 정책에 순응할 수밖에 없었다. 여당인 민정당도 대통령의 물가 안정 정책에는 아무 소리 못 하고 따라야 했다.

"선출된 대통령이 아니니까요"

어느 날 청와대에 저녁 초대를 받은 기업인 이모 회장이 대통령에게 조심스럽게 물었다.

"각하는 어떻게 해서 비인기 정책인 물가 안정 정책을 그처럼 밀어붙일 수 있었습니까?"

"나는 선출된 대통령이 아니지 않습니까."

질문한 이 회장은 더 이상의 질문은 하지 않았으나 뜻밖의 대답에 당황했다.

만약 전두환이 선출된 정치인, 정치를 좀 아는 세련된 정치인이었다면 그처럼 극단적인 안정화 정책을 줄기차게 고수할 수 있었을까? 필자의 생각은 '아니오' 쪽이다. 전두환이 전개한 인플레 퇴치 작전의 핵심은 정치와의 비타협이었다. '인기 없는 정부'가 '인기 없는 정책'을 미련스럽게 밀어붙인 리더십을 바탕으로 고질적인 악성 인플레를 파리채로 파리 잡듯이 때려잡은 것이다.

전두환은 전형적인 군인이었고, 물가정책도 전쟁터에서 고지 탈환 작전을 하듯 '돌격 앞으로'였다. 때로는 지식 계층의 실소를 자아내는 무모함과 치기를 노골적으로 드러내는 경우도 적지 않았으나, 그럼에도 불구하고 물가 안정이라는 한 우물을 파는 데 총력을 기울였다.

정치 혼란으로부터 경제정책을 독립시킨 리더십은 물가 안정 정책을 지속하는 데 가장 중요한 원동력이었다. 경제 관료들에게는 말끝마다 정치에 신경 쓰지 말라고 독려했고, 정치인들에게는 경제에 간섭 말라고 기회 있을 때마다 못을 박았다. 긍정적이든 부정적이든 독재의 힘으로, 정치 논리가 경제정책에 영향을 주는 것을 박정희 때보다 더 강하게 차단했던 것이다.

그는 정치인들에게만 일방적인 게 아니었다. 국민들에게도 일방적이었다. 대표적인 사례가 군대식 경제 교육이다. 그는 전 국민을 상대로 '경제 교육 작전'을 펼쳤다. 정훈장교가 사병들을 모아놓고 하는 군대식 정신교육과 다를 바 없었다. 그는 경제 교육의 효과를 확신했다. 대통령 스스로가 경제 공부를 통해 경제를 보는 시각이 크게 달라졌으니, 그럴 만도 했다.

경제 교육이 처음부터 체계적으로 시작된 것은 아니었다. 초기에는 결재 서류마다 명기되는 대통령의 '분부 말씀'이 곧 경제 운용의 철칙이었고, 이를 바탕으로 모든 정책이 움직여 나갔으므로 교육이고 뭐고 할 계제가 아니었다. 말이 좋아서 국민적 합의 도출이지, 여차하면 정보기관이나 경찰에 끌려가는 판이었으니 시키는 대로 할 뿐이었다.

체계적인 경제 교육이 시작된 것은 추곡 수매 가격을 억제하는 일이 불거지면서였다. 당시 KDI 원장 김만제의 이야기를 들어 보자.

> 1981년 가을, 대흉년이었던 '80년을 지나서 정부로서는 처음으로 수매 가격을 결정해야 했다. 신병현 부총리와 김재익 경제수석이 수매가 인상률 억제를 강력히 주장했고, KDI도 동조했다. 그러나 무작정 밀어붙이기식 안정화 정책에는 사실 많은 무리가 따랐다. 그래서 청와대 보고 기회에 조심스럽게 문제점을 지적하면서 국민들의 이해를 구하는 적극적인 홍보정책이 절실하다고 말씀드렸다. 처음에는 안색이 안 좋더니 이내 홍보정책의 필요성에 머리를 끄덕이더라. 이날 이후로 국민을 대상으로 하는 경제 교육 프로그램이 짜이기 시작한 것이다.

1981년 11월 경제기획원 안에 대국민경제홍보기획단이 생겼고, 이것을 다시 확대해서 경제교육기획관실이라는 별도 부서를 만들게 했다. 이 부서는 기획원 조직이었으나 실제 업무는 청와대 경제수석의 지시를 직접 받아 움직였다.

책자와 슬라이드 등 갖가지 교육 자료를 만들어 전국에 배포했다. 공무원은 물론 대학교수, 초등학교 선생님에 이르기까지 일방적인 경제 교육이 시작됐다. 예비군 동원훈련에 들어가도 경제 교육을 받아야 했다. 젊은 경제학 박사들도 몇 시간씩 쪼그리고 앉아서 예비군 중대장의 밑도 끝도 없는 경제 강의에 귀를 기울여야 했다. 경제 교육도 군사작전의 일부였다. 반대의 의견은 일체 용납되지 않았다.

언론이라고 해서 경제 교육 대상에서 열외가 아니었다. 신문에 대해서는 철저하게 규제했고, 방송은 적극적인 홍보 수단으로 활용했다. 물가 관련 기사는 오르면 작게 쓰고 내리면 크게 써야 했다. 물가 오름세 심리를 감안해야 한다는 이유에서다. 심지어 "몇 퍼센트 올랐다"라는 표현도 금지당했다. 목욕요금이 100원에서 150원으로 올랐으면 그냥 "50원 올랐다"고 써야지, 50% 올랐다고 써서는 안 된다는 것이다. 정부 부처들이 관련 제품 가격 인상을 발표하는 보도자료에도 오르는 금액만 적혀 있을 뿐, 인상률은 아예 써넣지 않도록 하는 웃지 못할 촌극도 벌어졌다. 그걸 모르고 인상률을 표시했던 농수산부가 뒤늦게 색연필로 지우느라 소동이 벌어지기도 했다.

TV 방송 활용은 한층 적극적이었다. KBS와 MBC는 앞을 다투어 경제 교육 프로그램을 무더기로 만들었고, 심지어는 드라마까지 정부의 홍보정책 방향에 맞춰서 제작했다. KBS는 아예 경제 교육 시간을 골든타임에 배정해서 매일 방영했다. 박정희 시대의 새마을 교육을 방불케 했다. 경제 교육은 전두환식 새마을 운동이었던 셈이다. 동아일보 경제기자 출신이었던 이계익은 이 프로그램을 꾸려 가면서 일약 스타가 되기도 했다.

사공일의 스타 탄생은 더 드라마틱했다. KDI 부원장이었던 그는 경제학자로서는 이례적으로 직접 마이크를 잡고 세계적인 석학들과의 현지 인터뷰를 통해 특집 방송을 엮어 낸 것이 호평을 얻어 일약 스타덤에 올랐다. 지금에야 예삿일이지만 당시로서는 파격적이었다. 대통령도 박수를 보냈다.

누구보다도 경제 교육에 열심이었던 사람은 전두환 대통령 자신이었다. 실무자들이 경제 교육에 관한 슬라이드 자료를 만들어 오면 그는 청와대 전화교환원이나 경호실 직원들을 불러들였다. 이들로 하여금 처음부터 끝까지 보게 하고서는 무슨 뜻인지, 충분히 이해했는지 여부를 일일이 챙겼다. 이들의 반응이 신통치 않은 교육 자료는 퇴짜였다.

대통령 자신이 경제 교육 강사를 자처했다. "물가가 오르면 소비자인 국민 모두가 앉은 자리에서 눈을 뜬 채 돈을 도둑맞는 셈"이라며 주부들을 상대로 한 경제 교육에 직접 나서기도 했다. 농촌 시찰을 가서도 농민을 상대로 일장연설을 했다.

"이것들 보시오. 도회지 사람이 얼마나 약습니까. 농민들에게 쌀 수매 가격을 10% 올려 준다 칩시다. 도시 사람들이 가만있겠습니까? 무슨 수를 써서라도 자기들이 파는 물건 값을 쌀값이 올랐다는 것을 핑계 삼아 20% 올리려 할 겁니다. 그렇게 되면 누가 손해를 보는 겁니까? 그걸 알아야지요."

전쟁으로 치면 직접 선봉에 서서 심리전을 지휘한 셈이다. 비록 강제성을 띠었고 많은 반발도 있었으나, 경제정책의 타당성을 설파해 나가려는 리더로서의 일관된 열정은 대단했다. 이 같은 대통령의 집념이 있었기에 비인기 정책을 될 때까지 밀어붙였던 것이다.

반면에, 경제 교육이라는 이름 아래 행해진 일방적 논리의 전파는 모든 경제정책의 결정 과정에 경직화를 불렀다. 대통령의 생각과 다른 이야기를 할 수 없는 분위기 속에서 발생할 수밖에 없는 부작용이었다. 경직화의 부담은 두고두고 경제 전반에 걸쳐 넓고 깊게 배어들었다.

총선 앞두고 예산 동결

1983년에 접어들면서 물가 안정 기반이 비로소 잡혀 나갔다. 그해 2월 대통령은 언론사 경제부장들을 점심에 초대했다.

"물가를 크게 안정시키라는 것은 내가 지시한 겁니다. 작년에는 의외로 물가가 안정되었습니다만 금년은 아주 좋습니다. 최근 원유 값까지 내린다고 하니 더욱 합심하면 일본 수준으로 갈 수 있습니다. 금년 물가가 5% 안으로 잡히면 인플레 심리가 없어져 부동산 투기도 없어질 겁니다."

대통령의 말에는 제법 자신감이 묻어나 보였다. 여전히 경기 침체가 계속되어 사방에서 발목 잡는 일이 벌어지고 있는데도 불구하고 물가 안정에 관한 한 괄목할 만한 성과를 보이고 있었기 때문이다.

이런 상황에서 전두환은 아무도 예상 못 한 일을 또 벌였다. 한층 더 심한 조치를 결심한 것이다.

'1984년 세출예산 동결' 조치는 한마디로 충격적이었다. 아니, 정부가 세출예산을 동결한다고? 그것도 선거를 앞둔 시점에서….

세출예산 동결은 정상적인 경제정책이라기보다 하나의 '사건'이었다. 매년 늘어날 수밖에 없는 정부의 지출을 어느 날 갑자기 한 푼도 늘리지 않고 동결시킨다는 것이니, 제아무리 독재정권이라 해도 선거가 있고 의회가 있는 나라에서는 생각도 할 수 없는 일이었다. 각 부문이 물가 안정을 위해 긴축의 고통을 감내해 온 마당에 정부 또한 씀씀이를 줄이고 허리띠를 졸라매는 것은 논리적으로야 매우 바람직한 일이다. 그렇지 않아도 경제기획원 예산실도 1982년 예산 편성 방식을 제로 베이스로 변경하는 등, 나름대로 재정 긴축의 드라이브를 걸고 있던 참이었다. 1970년대 10년간 30% 가까이 됐던 연평균 예산증가율을 1982년에 10% 밑으로 떨어뜨린 것이다. 그래도 그렇지, '동결'은 예산실 내에서도 상식에 안 맞는 이야기로 치부됐다.

하지만 청와대에서는 이미 결정이 나 있었다. 김재익 경제수석이 보고한 예산 동결 계획에 전적으로 공감한 대통령은 즉시 실천을 지시했다. 대통령의 결심이 확고하다는 신호가 확인되는 순간, 그동안 예산 동결에 반대 입장을 고수해 왔던 경제기획원 예산실 쪽도 즉각 방향을 틀었다. 반대쪽 기수였던 조경식 예산실장을 농수산부 차관보로 내보내고 후임에 문희갑을 앉혔다. 재정 개혁의 고삐가 그에게 맡겨진 것이다.

정치권에서 가만히 있었겠는가. 여당인 민정당부터 들고일어났다. 1985년 총선을 앞두고 있는 판에 '84년의 세출예산을 동결하겠다는 것은 정치적 자살행위라며 반발했다. 일반 여론도 "말이 예산 동결이지, 바람만 잡다가 말겠지"라는 식이었다.

대통령의 태도는 의외로 단호했다. 예산 동결에 반대하는 민정당 간부들을 청와대로 직접 불러 앉혀 놓고 호통을 쳤다.

"물가를 잡기 위해 정부가 앞장서서 허리띠를 졸라매겠다는데 여당이 반대하면 어떻게 하느냐? 예산 동결 때문에 선거에 진다면 그런 선거는 져도 좋다."

기가 막혔으나 여당에서도 더 이상의 저항을 계속할 순 없었다. 국회를 통과한 1984년도 예산은 세출을 동결시켜 5,500억 원의 흑자를 내도록 편성되었고, 그 돈은 정부가 한국은행에 진 빚을 갚는 데 쓰도록 했다. 세입은 여러 이유로 전년도보다 늘어나게 되어 있었고, 세출은 늘리지 않고 묶어 놓았으니 결국 그만큼의 차이가 흑자가 되는 셈이다. 결과적으로 흑자재정에 성공했고, 흑자는 몽땅 당초 계획대로 정부의 한국은행 차입금을 청산하는 데 썼다.

예산 동결의 설계자 김재익 경제수석은 도대체 어찌해서 이런 발상을 했던 것일까?

김재익은 박정희 시대 말기부터 한국경제의 고질적 인플레를 근본적으로 치유하려면 정부가 적자재정에서 벗어나야 하며, 그러기 위해서는 적자를 초래하는 주범인 양특적자를 해소해야 한다고 생각하고 있었다. 아무리 농민 지원 정책이 정치적 이유로 필요하다고 해도, 한국은행이 찍은 돈을 정부가 빌려 와서 그것을 감당하는 패턴이 반복되어서는 인플레의 근본적인 퇴치는 불가능하다는 것이다. 그래서 김재익은 국보위에 들어가자마자 이 문제에 칼을 대겠다고 마음을 먹었고, 아예 정부의 중앙은행 차입 자체를 금지하는 내용을 헌법 조항에 삽입하는 방안을 추진했으나 뜻을 이루지 못했다. 그 대안이 예산 동결 시도였다. 김재익은 당초 1982년에 하려 했으나 한 템포 늦춰서 '83년 들어 대통령 설득에 성공한 것이다.

대통령의 마음을 움직이는 데까지는 김재익이 주도했으나, 각 부처와 정부기관을 상대해서 실제로 동결 예산을 편성하는 것은 또 다른 문제였다. 여기서부터는 신임 예산실장 문희갑의 몫이었다. 그는 소신이 강했고 저돌적이었다. 특유의 배짱과 입심으로 대통령의 각별한 신임을 얻고 있었으므로 거리낄 게 없었다. 대통령이 공개적으로 약속한 재정지출이라 해도 수틀리면 청와대로 직접 찾아가서 뒤집어 놓는 일도 마다하지 않았다.

정부 안에서조차 심한 반발을 소화해야 했다. 불가피한 사업 예산을 소화해야 하므로 일반 경비는 대폭 감축해야 했고, 공무원 봉급 인상은 호봉 상승분을 제외하면 제로였다. 이 같은 분위기 속에 추곡 수매 가격도 함께 전년 수준에 묶였다.

동결 예산을 무사히 마무리 지은 문희갑은 1985년도 예산 편성에서도 긴축의 고삐를 늦추지 않았다. 감축 예산을 짜는 데 가장 큰 걸림돌은 방위비였다. 방위비는 미국과의 약속에 따라 GNP의 6% 수준으로 고정되어 있었는데, 경제 성장으로 GNP가 커지면 자동적으로 증가하게 되어 있었다. 하물며 군인이 지배하는 세상 아닌가. 아무도 시비 걸지 못해 온 상황에서 문희갑이 총대를 메고 나섰다. 문희갑은 대통령을 설득했고, 급기야 1985년 예산안에서 GNP 연동 원칙을 무시한 채 방위비 증가율을 낮춰서 편성해 버렸다.

국방부가 들고일어났다. 육군 준장 2명이 예산실장 방으로 찾아와 고함을 지르며 항의했다. 복도 밖에서도 들릴 정도의 싸움판이 벌어졌다.

"대한민국 군을 뭘로 알고 함부로 방위비 편성 원칙을 마음대로 깨뜨리는 거요? 김일성이 쳐내려 와서 빨갱이 세상이 되면 당신이 책임지겠소?"

언쟁을 벌인 두 장군은 그다음 날 한직으로 좌천당했다. 반면에 문희갑에게는 "더욱 소신껏 하라"는 대통령의 격려가 비서실장을 통해 전해졌다.

예산 동결은 결과적으로 정부의 1984년 장부를 적자에서 흑자로 바꿨다. 지출을 묶어 놓았으니 수입이 늘어나는 만큼 흑자를 기록한 것이다. 이로써 한국경제는 만성적인 재정적자의 늪에서 탈출하게 된다. 이때 구축된 건전재정 기반은 두고두고 후임 정권들에게 든든한 버팀목을 마련해 줬다. 국제적으로 비교해도 한국의 정부재정은 상위 그룹이다. 결과적으로 전두환이 만난을 무릅쓰고 이룩한 결과를 가장 톡톡히 누리고 있는 정부가 문재인 정권일 텐데, 이 또한 역사의 아이러니가 아닐 수 없다.

예산 동결이 가져온 또 하나의 연관 효과는 긴축 정책 차원에서 정부가 솔선수범을 보였다는 점이다. 특히 공무원들의 봉급 동결은 민간기업의 임금 상승 억제에 큰 구실이 되었던 것이다.

대통령의 집념이 아무리 강했다 해도 설마하니 한자리 물가, 심지어 마이너스 물가로까지 안정될 줄은 몰랐다. 1982년 물가 통계가 한자리 숫자를 기록했음에도 많은 사람들이 반신반의하는 분위기였다. 실제 경제 상황도 좋은 편이 아니었고, 연이어 터지는 금융 사건의 후유증으로 사회 전체가 뒤숭숭하게 돌아가고 있었다. 정부 안에서는 물가 안정에 계속 이런 식으로 올인해야 하느냐 하는 반론이 제기되기도 했고, 성장에도 신경을 써야 한다는 주장도 만만치 않았다. 대통령도 이즈음에는 생각이 많이 흔들렸다.

그러나 운도 따랐다. 한국 내에서 벌어지고 있는 혼돈의 양상에는 아랑곳없이 나라 밖에서는 국제 원자재 가격이 빠른 속도로 떨어지고 있었다. 치솟기만 하던 국제 원유 값이 내림세로 돌아섰고, 덕분에 원유 도입 가격이 1982년 들어서 4.5%가 내렸다. 다른 원자재 가격도 크게 내린 덕에 전체 수입 물가가 5.3%나 떨어졌다. 국내 관료들은 전혀 예상치 못한 일이었다. 경제기획원을 중심으로 정책 대응에 부산하게 움직였다. 5개년계획부터 통째로 고쳐야 했다. 석유 값이 오르는 것을 전제로 짠 국가 운영 계획인데, 거꾸로 내리고 있으니 기존의 5개년계획은 졸지에 쓸모가 없어졌다.

정부가 나서서 각종 공공요금을 힘으로 틀어막고, 경기 자체가 여전히 가라앉아 있어서 인플레 요인이 억눌려 있는 경제 상황이었다. 그런데 뜻밖의 원자재 값 하락 같은 해외 요인이 도와주니 잠재해 있던 리스크들이 저절로 해소된 것이다. 이처럼 운까지 따라서 모두를 놀라게 한 한자리 숫자 물가 통계를 거머쥘 수 있었다.

해외 요인의 도움에 크게 힘입었다고는 해도, 1982년 한자리 숫자 물가의 의미는 상당한 것이었다. 한자리, 그것도 매우 낮은 숫자의 한자리 물가 억제를 달성해 냈다는 사실 자체만으로 한국경제에 만연된 인플레 마인드를 걷어 내는 데 결정적인 계기를 마련해 주었기 때문이다. 가장 자신감을 갖게 된 것은 대통령 전두환이었다. 그토록 바랐고 집념을 쏟아 온 물가 안정을 드디어 이뤄 냈으니 말이다.

"그것 봐라. 내가 뭐라고 했느냐. 내가 말한 대로 되지 않았느냐—"

대통령의 목소리는 더욱 커졌고, 물가 잡기를 한층 업그레이드해 나갔다. 정치적 위험을 무릅쓰고 예산 동결을 밀어붙이는가 하면 임금이든 배당률이든 가리지 않고 한자릿수가 원칙이었다.

더 결정적인 도움은 뒤이은 '3저 호황'이라는 국제 환경의 변화였다. 유가 하락 추세에 더해 1985년 '플라자 합의' 이후 세계 경제 환경이 저금리, 저달러로 전환되면서 세상은 완전히 달라졌다. 한국경제가 일대 도약하는 결정적인 계기를 제공했다. 물가를 안정시켜 준 것뿐 아니라, 성장률과 국제수지에 이르기까지 모든 통계숫자들을 바꿔 놓았다. 소위 세 마리 토끼를 한꺼번에 잡게 해 준 것이다. 잔뜩 벌여 놓았던 부실기업 정리 정책도 큰 덕을 봤다. 뜻밖의 경기 호전으로 은행들은 기업들에게 잔뜩 물려 있던 부실채권 부담을 빠른 속도로 덜어낼 수 있었던 것이다.

그러나 운으로만 치부할 순 없다. 3저 현상이 어디 한국경제에만 해당한 것이 아니지 않은가. 인도네시아나 이스라엘은 3저 현상과 무관했다는 것인가? 세계 모든 국가에 3저 현상이 불어닥치는 가운데 한국이 유독 이것을 기회로 삼아서 괄목할 만한 성과를 냈다는 점에 세계의 전문가들은 주목했다.

IT 강국의 초석, 전화교환 전자화

전두환의 공을 논함에 있어서 통신혁명을 빼놓을 수 없다.

2021년 12월, 오늘날 통신혁명의 기반을 이룩한 것은 김대중 대통령의 공로라고 이재명(더불어민주당 대통령 후보)이 연설 중에 말했다. 사실관계를 전혀 모르는 무식한 얘기다. 물론 김대중도 IT 분야의 벤처사업 육성에 많은 지원을 쏟았다. 그러나 그것은 어디까지나 IMF 위기를 극복하기 위한 차원에서 취한 경기 부양책의 일환이었다. 오히려 지원이 지나쳐서 심각한 증시 파동을 촉발하는 사태까지 일어났었다.

역대 대통령 중에서 진짜 통신혁명의 기초를 닦은 인물 한 사람을 꼽는다면 단연 전두환이다. 한국이 IT 분야, 특히 통신 강국이 된 기초는 1980년대에 닦였다. 김대중 시대보다 20년 전의 이야기다. 그 증거는 일본과의 비교에서 금방 드러난다.

일본이 어떤 나라인가. 전자, 자동차 등 모든 제조업 분야에서 한국과는 비교도 안 될 정도로 앞서 있었다. 세계시장을 주도하는 경쟁력을 자랑해 왔고, 특히 1980년대는 일본의 최전성기였다. 그랬던 일본이 IT·통신 분야에서 한국에 뒤처지기 시작한 결정적 시점이 바로 1980년대, 즉 전두환 시대였던 점을 주목해야 한다. 일본은 그 유명한 NTT(일본전신전화회사)를 중심으로 한 정부 주도 통신사업 체제를 구태의연하게 유지했던 반면, 한국은 전두환 정부 주도로 과감한 투자와 민영화를 밀어붙이면서 판도가 달라졌다. 일본을 제친 것은 물론이고, 미래산업의 결정적인 젖줄이라고 할 수 있는 인터넷 환경을 세계 최고 수준으로 만들어 갈 기초 인프라를 깐 것이다. 그 대표적 결실이 스마트폰이다. '한국은 스마트폰을 만드는 나라, 일본은 못 만드는 나라', '일본은 인터넷이 잘 안 터지는 나라, 한국은 어딜 가나 인터넷이 잘 되는 나라'가 된 것이다. 그 과정을 거슬러 올라가 보자.

스마트폰을 하루 종일 달고 사는 오늘의 젊은 세대는 과거 한국의 통신산업이 얼마나 낙후된 상태였는지 상상조차 못 할 것이다. 1980년대 초까지만 해도 집에 전화 놓는 것은 예삿일이 아니었다. 전화의 종류가 아예 청색전화(이사 가면 전화국에 반납해야 하는 전화)와 백색전화(개인 소유 전화)로 구분되어 있어 프리미엄을 지불해야 했음은 물론이고, 신청하고도 몇 달을 기다려야 했다. 부잣집도 마찬가지였다.

그랬던 것이 언젠가부터 오전에 신청하면 그날 오후에 제꺽 전화를 놓아 주게 되었다. 하루아침에 세상이 달라진 것이다. 전화를 연결하는 교환기를 구닥다리 기계식을 버리고 전자식으로 갈아 치운 결과였다. 그것도 우리 스스로 개발한 기술로 생산된 국산 전자식 교환기로 말이다. 어떻게 해서 이런 일이 가능했을까?

전두환의 통신혁명이 어느 날 갑자기 하늘에서 떨어진 것은 아니었다. 이 역시 경제 선생이자 경제수석인 김재익의 발상에서부터 출발한다.

1980년 9월 정권이 출범하고 얼마 되지 않았을 때, 김재익 경제수석은 국보위 시절에 알게 된 공학박사 오명을 만나 저녁을 함께했다. 이 자리에서 기술 개발 분야에 대해 의견을 나눴고, 전자·반도체·통신 등 미래산업에 집중적으로 투자를 늘려 나가야 한다는 점에 의기투합했다. 김재익은 곧바로 오명을 청와대 비서관으로 불러들였고, 전두환의 군대 시절 보좌관을 지냈던 또 한 명의 공학박사 홍성원을 가세시켰다. 이리하여 오명을 중심으로 20여 명의 전자산업육성대책반이라는 태스크포스가 구성되고 여기서 통신혁명의 구체적인 실행 계획을 수립하게 된다.

그러나 이것은 시즌 2였고, 시즌 1은 박정희 시대 말기로까지 거슬러 올라가야 한다.

우선 체신부(과학기술정보통신부의 전신) 시대로 거슬러 올라가자. 통신 업무의 주무부처인 당시 체신부는 전화의 설치 및 통화와 우편 배달을 관장하는 것이 주업무였다. 정부 부처 중에서도 괄시 받던 외곽 부처였다. 통신산업의 미래 청사진을 그리거나 정책을 세우는 일과는 거리가 멀었다. 정책과 관련해서는 경제기획원이 총괄했으나 그들 역시 통신산업에 대한 기본 이해가 없었다. 개별 기업들이 여기저기서 신사업을 벌이면 관련 통계숫자나 챙기며 뒷북이나 치는 것이 고작이었다. 그러던 끝에 남덕우 부총리가 특채한 김재익이 경제기획국장에 앉으면서 비로소 통신산업에 관해서 '정책의 눈'으로 접근하기 시작한 것이다.

김재익은 이 일에 몰두했고, 이내 해답을 찾아냈다. 전화교환 방식을 기존의 기계식 교환기를 버리고 전자식으로 서둘러 전환하는 것이었다. 전화 적체 현상을 해소해 나간 선진국 사례가 그랬고, 이론적으로도 그것만이 해답이었기 때문이다. 김재익은 전자식 전화교환 방식이 전화 적체 문제를 해소할 뿐 아니라 더 나아가서 장차 한국의 통신기술을 혁신시켜 나갈 모태 역할을 해나갈 것으로 믿었다.

이론적으로야 반대할 명분이 약했다. 음성신호를 기계식보다 디지털 신호로 전달하는 전자식 교환 시스템이 우월한 기술이라는 점에는 이론의 여지가 없었다. 김재익의 보고를 받은 남덕우 부총리는 즉각 사인을 했고, 국무회의를 통과해서 전자교환기 도입에 관한 타당성 조사를 실시키로 정부 입장이 정리됐다.

하지만 김재익은 기득권 세력의 반발을 지나치게 과소평가했다. 백면서생의 한계였다. 국내 시장을 지배하고 있는 기존의 기계식 전화교환기 생산 업체들의 반발을 감안하지 못했던 것이다. 그렇지 않아도 기계식에 도전하는 후발 업체가 전자식 교환기 개발에 열을 올리고 있던 터였으므로 정부가 마치 특정 업체를 편드는 것으로 비칠 소지도 있었다.

아니나 다를까, 기존 시장의 지배자들이 반발하며 들고일어났고, 시중에는 금전 수수를 포함한 로비설까지 나돌았다. 반대하는 측은 "기능이 멀쩡한 기계식 교환기의 수명이 아직 많이 남아 있는데도 이를 폐기하고 새 시설을 도입하면 외화를 낭비하는 것이요, 중복 투자를 초래하는 것"이라고 주장했다. 김재익은 중앙정보부에까지 불려가 문초를 당하는 봉변을 당했다. 기업한테서 뇌물 받고 전자식 교환기 교체를 주장하는 것 아니냐는 추궁이었다.

당시 상황에서 참으로 한심한 것은, 주무부서인 체신부가 전자식 교환기 전환에 앞장서기는커녕 기존의 기계식 교환기 유지를 지지했다는 사실이다. 결국 김재익이 추진했던 전자식 교환기는 별다른 진전 없이 사실상 주저앉고 만다. 이 좌절은 관료로 입신해서 좋은 나라를 만들어 보겠다는 그의 순수한 포부에 큰 상처를 남겼다.

그런 그가 군인 세상을 만나 대통령의 막강한 책사 자리에 앉았으니, 그냥 넘어갈 리 없었다. 정치적 혼란이 어느 정도 가시고 물가 안정을 중심으로 거시정책의 틀이 잡혀 나가면서 김재익은 드디어 통신혁명의 칼을 뽑아 들었다. 그는 지난 과거의 실패를 거울 삼아 최고권력자의 결심을 얻어 내는 일부터 시작했다.

　그는 전자교환식이 무엇인지부터 시작해서 그것이 파급할 '통신산업 혁신의 길'에 이르기까지 대통령을 알기 쉽게 교육시켜 나갔다. 전화 적체 문제는 일상생활의 일이었으므로, 전두환은 무슨 이야기인지 금세 알아들었다. 김재익은 이 정책을 성공시키기 위해서 자신이 어떻게 처신해야 하는지를 잘 알고 있었다. 지난 실패를 거울삼아서 절대 나서지 않았다. 통신산업의 미래 운운하는 것도 대통령의 오리지널 아이디어로 연출했고, 자신은 분위기 메이커 노릇만 했다. 대신 오명을 내세웠다. 전자식 교환기 문제도 대통령이 직접 오명 비서관을 불러 지시하고 진행 과정을 챙기도록 했다. 『전두환 회고록』에도 통신혁명과 관련한 대목에 김재익이라는 이름은 단 한 번도 등장하지 않는다.

　오명은 소위 TDX 교환기의 국내 자체 개발이 지름길이라고 판단했고, 김재익은 전적으로 이를 지원했다. 개발비 240억 원 요청에 대통령은 즉각 사인했다. 정부 예산으로는 10억 원짜리도 드물었던 시절, 전두환 정부는 거액의 벤처사업을 과감하게 벌여 나간 것이다. 필요한 기구와 법을 만들어 신속하게 진행했다. 시외전화까지 포함해서 한 나라의 교환시설을 전국적으로 백 퍼센트 디지털화한 것은 세계 최초였다.

　1986년 드디어 TDX 자체 개발로 전자교환기 국산화에 성공했다. 알기 쉽게 말하면 기존의 아날로그 전화 교환 방식에 컴퓨터 기술을 결합시킨 것이다. 전화 적체 문제를 단숨에 해결했을 뿐 아니라, 음성과 함께 데이터까지도 송수신이 가능해짐에 따라 한국은 1980년대에 이미 디지털화의 선진국 대열에 우뚝 올라서게 됐다. 이 일을 실무적으로 이끌었던 오명은 체신부 차관으로 옮겨가서 무려 6년이 넘도록 장수 차관을 지내면서 전두환 정권 내내 정보통신혁명의 일관된 정책을 펴 나갔다.

산업사 차원에서 돌이켜 보자면, 1959년 금성사가 진공관식 라디오를 처음 생산한 이후, 용어조차 생소했던 전자산업이 '60년대 한국경제의 새로운 성장 엔진으로 자리매김했고, '70년대의 중화학공업 투자를 거쳐 '80년대 들어서는 다행히도 다른 나라에 뒤지지 않게 반도체산업과 함께 IT산업의 인프라 구축에 큰 진전이 있었다. 오늘날 한국이 인터넷 강국이 된 것은 이 같은 역사적 배경이 있었기에 가능했던 것이다.

전두환은 대령 시절까지 집에 일반전화가 없었으며 장군으로 진급한 후 전화 설치 신청을 전화국에 했으나 회선이 없다는 이유로 신청조차 거부당했다는 에피소드를 회고록에 적고 있다. 이처럼 일상생활로부터의 불편도 겪었지만, 오랜 군인 생활 속에서 체험한 통신의 중요성을 누구보다 절실하게 느껴 온 터였다. 그런 그였기에 전화 적체 해소를 시작으로 통신혁명의 길을 열어 간다는 것은 전혀 망설일 필요가 없는 정책 선택이었다. '한국, IT 강국'이 될 수 있게 한 공적의 오리진을 찾아 올라간다면 전두환의 리더십을 만날 수밖에 없다. 집권 과정에 대한 심판과는 별도로 말이다.

야당도 반대, 금융실명제 좌초

오늘날의 금융실명제는 김영삼 시대에 시작됐다. 상당한 우여곡절이 있었다. 그 씨앗이 처음 뿌려진 것은 전두환 시대였고, 차기 대통령 노태우가 대를 이어서 시도하다가 중도하차했다가 결국 김영삼에 의해 실천에 옮겨진 것이다. 김영삼은 취임 직후 대통령 긴급조치로 007 작전 하듯이 극비리에 금융실명제를 해치웠다.

금융실명제 실시는 우리 역사에서 대단한 의미를 지닌다. 원래 실명제는 탈세 차단이 주목적이다. 그러나 한국의 금융실명제 실시는 단순히 금융제도나 조세제도적 측면에서뿐만 아니라 한국 사회가 선진화로 가는 데 혁명적인 계기가 된 중대한 사건이었다.

실명제 이전의 한국과 이후의 한국은 너무도 달라졌다. 정치자금을 둘러싼 고질적 병폐가 대폭 개선되었고, 차명·무기명을 통한 탈세·절세에 철퇴가 가해졌으며, 사회 전반의 투명성이 비교가 안 될 만큼 제고된 것이다. 더구나 전산화, 정보화의 급속한 발전과 맞아떨어지면서 한국의 금융실명제 실시의 효과는 세계적 성공 사례로 기록될 만하다.

만약 금융실명제가 없었다면 전직 대통령의 비리 조사를 비롯해 갖가지 탈세나 외자 도피에 대해 손도 쓸 수 없었을 것이다. 요컨대 정의나 공정이나 투명성 등을 논함에 있어 이의 실천을 뒷받침하는 가장 기본적이고 위력적인 제도가 바로 금융실명제 아니겠는가.

하지만 그처럼 정의로운 제도가 어찌해서 전두환에 의해 처음으로 추진되었을까? 논의에 앞서 사전 설명이 좀 필요하다.

"대체 금융실명제가 뭐지요? 예금하는데 자기 이름을 밝히는 게 당연한데, 왜 굳이 법을 만들어 제도화한 것이지요?"

미국 유학에서 갓 돌아온 경제학자가 어느 날 필자에게 물어 온 질문이었다. 이 경제학 박사는 미국 경제는 잘 알아도 제 나라 경제의 과거 역사에 대해서는 잘 몰랐던 것이다. 실명제 전 「예금자보호법」이라는 것이 왜 생겼는지, 자기 이름 안 대고 가명이나 차명으로도 얼마든지 예금할 수 있도록 해 온 한국의 금융 현실과 제도에 대한 기초적 이해가 없었다.

그에 대한 답이야 간단하지 않은가. 경제 발전을 위해서는 돈의 청탁(淸濁)을 가릴 처지가 아니었다. 공장을 지으려면 자금이 필요했고, 그 자금을 충당하려면 사람들이 예금을 많이 해야 하는데 그렇지 못한 까닭에 어떻게 해서라도 예금을 많이 하도록 차명·가명을 가리지 않았던 것이고, 예금한 돈의 자금 출처 같은 것도 따져 묻지 않도록 해야 했으니 말이다. 「예금자보호법」이 태어난 배경이기도 하다. 금융실명제 실시는 바로 이 「예금자보호법」의 종언을 예고하는 것이었다.

"제도는 사고(事故)의 변천사"라고 했다. 전두환이 1983년 7월 금융실명제 실시를 전격적으로 선언하고 나선 것도 금융사고에서 비롯됐다.

그해 5월, 전혀 뜻하지 않았던 대형 금융 사기 사건이 터졌다. 소위 말하는 이철희·장영자 어음 사기 사건이다. 단순한 어음 사기 사건이 아니었다. 사기범 이철희·장영자 부부가 대통령의 친인척이었다는 점이 문제의 핵심이었다. 장영자는 대통령의 처삼촌 이규광(광업진흥공사 사장)의 처제였고, 남편 이철희는 중앙정보부 전 차장이었다. 부부가 대통령 친인척임을 호가호위하면서 무려 6천억 원 규모의 희대의 금융 사건을 일으킨 것이다. 장영자는 주로 은행장급만 상대했다. 이철희는 나웅배 재무장관을 찾아가 합작은행 설립 인가를 요구한 일도 있었다. 수법이나 규모 면에서 권력형 비리의 결정판이었다.

언론들은 정부 통제 하에서도 게릴라 전법으로 보도를 이어나갔다. 아무리 무서운 정부라도 손바닥으로 하늘을 가릴 순 없었다. 일파만파가 되어 여론에 불이 댕겨졌고, 정권은 집권 후 가장 당황스런 상황에 직면했다. 그렇지 않아도 대통령 친인척에 대한 소문이 세간에 퍼져 있던 참이었다. 장인 이규동이 주요 인사에 개입하는가 하면, 아무 연고도 없이 새마을운동본부 사무총장에 앉은 친동생 전경환의 부적절한 처신 등이 입방아에 오르내리고 있던 참에 이 사건이 터졌으니 무사히 넘어가기가 어려웠다.

무엇보다 이 정부가 내건 '정의사회 구현'이라는 캐치프레이즈에 똥칠을 한 사건이었다. 전두환으로서는 너무도 창피스럽고 체통 구기는 일이었다. 정의사회 구현은커녕 정권 자체의 도덕성마저 실추시킨 사건이었다. 친인척에 대한 엄격함을 보인다는 차원에서 장영자의 형부 이규광을 구속했으나 그 정도로 될 일이 아니었다. 은행장 2명을 비롯해 모두 32명을 무더기로 구속했고, 관계 장관까지 경질했으나 여론은 잦아들지 않았다.

그래서 빼든 칼이 금융실명제 전격 실시였다. 그해 7월 3일 발표된 금융실명제 실시 계획에 따르면 "1년 뒤부터 모든 금융 거래를 실명으로 해야 하고, 금융소득은 종합과세하며, 실명이 아닌 3천만 원 이상의 금융자산에 대해서는 5%를 과징금으로 내야 자금 출처 조사를 면제해 준다"는 것이 골자였다.

강경식 재무장관의 기자회견 분위기부터 살벌했다.

"지하경제에 대해서는 모든 정책수단을 동원해서 박멸하겠다. 금융실명제를 실시하는 데는 예외도 수정도 없다."

강경식은 서슬이 퍼랬다. 각 신문과의 인터뷰에서도 정부 입장을 단호하게 밝혔다.

> 이철희·장영자 사건은 실명제 실시로 전화위복이 될 수
> 있다.
> 불로소득을 봉쇄하자는 것이다.
> 실명제를 피해 금을 사는 것은 바보짓임을 알게 될 것이다.
> 실명제를 반대하는 것은 마치 이적행위나 마찬가지다.

개혁 의지가 충천한 나머지 재무장관은 못 하는 말이 없었다. 강경식(姜慶植)은 강경식(强硬式)으로 불렸다. 이런 발언이 가능했던 것은 첫째, 언론의 비판이 일체 금지당한 상태였고, 둘째, 대통령의 절대적 지지가 뒤를 받치고 있었기 때문이다. 공포 분위기였다. 재계 본산인 전경련은 즉각 실명제 찬성 성명을 발표했다. 코미디 같은 일이었다.

금융실명제 작전은 이원화되어 있었다. 재무장관이 실행계획을 수립하는 한편 대통령 설득은 경제수석이 맡기로 했다. 김재익의 설득은 오랜 시간이 필요치 않았다. 어음 사기 파동의 재발 가능성을 원천적으로 봉쇄하고 정부의 실추된 체통을 만회할 길은 지하경제를 근본적으로 발본색원할 수 있는 금융실명제를 실시하는 것임을 설파한 것이다. 토론의 여지가 없었고, 대통령은 즉각 결심했다. 지하경제를 척결하고 정의사회를 구현할 수 있다

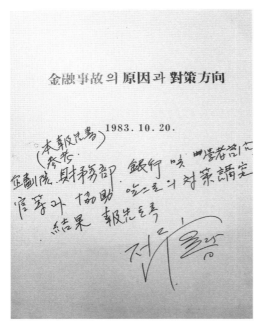

金融事故의 原因과 對策方向

1983. 10. 20.

대통령 전두환은 밑에서 올라온 보고서를 읽고서 "적의조치하시오" 또는 "결과 보고토록"이라고 표지에 썼다. 전자는 알아서 하라는 뜻이고, 후자는 지시한 바를 결과 보고하라는 뜻이다.

하지 않는가.

이틀 후 7월 5일 열린 청와대 수석회의에서 대통령의 지시는 이랬다.

"1983년부터 실시되는 금융실명제는 혁명적인 것이다. 이것이 성공하면 선진국 대열의 의식구조를 갖추게 된다. 7·3 조치(실명제 실시 발표)에 따른 충격을 최소화하기 위해 각종 정보보고와 도출되는 문제들을 경제수석에게 줘라. 이미 취해진 조치는 긍정적으로 이해시켜야 하며, 오로지 추진해서 성공시켜야 한다."

그러나 시간이 지나면서 차츰 분위기가 반전되는 조짐이 드러나기 시작한다. 언론도 전혀 예상치 못한 일이라 초기에는 논조를 잡지 못하고 우왕좌왕했다. 시장에서의 부작용이 여기저기 드러나면서 비판적으로 돌아서기 시작했다. 정부의 엄포와 홍보에도 불구하고 뭉칫돈이 은행에서 빠져나가고, 주식을 처분해서 부동산으로 옮겨 가는 현상이 시간이 갈수록 두드러졌다.

시장보다 정치권이 더 문제였다. 여당인 민정당으로서는 아무런 사전 협의가 없었기에 금융실명제라는 것이 어떤 정치적 파장을 몰고 올 것인지에 대해 제대로 이해하지 못했다. 더구나 대통령의 비장한 결심으로 내려진 조치인만큼 누구도 함부로 시비할 처지가 아니었다. 그러다 실명제 실시가 얼마나 혁명적인 조치인가를 깨닫게 되자 당내에서는 반대 목소리가 급속히 확산되기 시작했다.

실명제 발표 후 열흘이 지난 시점에 "보완할 필요가 있다"며 민정당 사무총장 권익현이 비로소 반대의 목소리를 조심스럽게 냈다.

이재형 당대표와 함께 대통령을 만나 여러 차례 이야기했다. 대통령의 실명제 의지가 워낙 강했다. 실명제 실시의 문제점 설명에 열심히 들으며 고개를 끄덕이다가도, 또 다른 명분을 거론하면서 그래도 해야겠다는 식이었다.

민정당의 반대 입장을 정하는 데 이론적 논리를 제공한 인물은 초선 의원 김종인이었다. 그의 증언도 들어 봐야 한다.

　　내가 반대했던 이유는 간단하다. 아무리 명분이 좋다고 해도 해내지도 못할 일을 왜 공연히 떠벌리느냐는 것이었다. 실명제는 결국 이자소득까지 포함한, 제대로 된 종합소득세제를 하자는 것 아닌가. 70만 명의 부가세 납세자도 제대로 관리 못 하는 우리 국세청 수준으로 납세자로 따져서 그 열 배가 넘는 종합소득세를 관리한다는 것은 도저히 불가능한 이야기였다.

현실적으로 금융실명제를 제대로 실시할 수 없을 뿐 아니라, 한다 해도 지하경제의 발본색원은 어불성설이라는 것이 김종인의 지론이었다. 그가 반대 진영의 주요 인물로 알려지자 김재익은 개인적으로 찾아가 설득 작전에 나서기도 했고, 대통령이 직접 불러들이기도 했으나 김종인은 "잘 모르는 것을 왜 하시려고 합니까"라 말해 주위를 당황케 하는 해프닝도 있었다.

당에서만 반대하는 것이 아니었다. 실명제를 진짜 내놓고 반대한 핵심 세력은 대통령의 최측근인 허화평 정무수석과 허삼수 사정수석 등 이른바 '허씨'들이었다. 집권 과정에서 동생공사(同生共死)를 서약했던 '혁명동지'들. 어떠한 직언도 서슴지 않았던 위치에 있었기에 실명제 추진에 대한 이들의 반대는 대통령에게 가장 짐스러웠다. 허화평은 실명제 추진 세력들을 가차 없이 몰아세웠다. 대통령 앞에서도 설전이 벌어졌다.

"대체 실명제를 하자고 발상한 사람이 누구요?"(허화평 정무수석)

"누가 발상했는지가 무슨 상관입니까?"(강경식 재무장관)

허화평은 신군부 집권 세력 중에 자신이 2인자라고 자부했던 인물이다. 그런 그가 혁명적 조치인 금융실명제 실시 결정 과정에서 자신이 소외되었다는 것이 우선 불쾌했을 것이다. 절차상의 불만뿐만이 아니었다. 실명제 자체가 현실을 외면하고 지나치게 명분에만 매달리는 나이브한 발상이라고 생각했다. 박정희의 부가세 실시처럼 심대한 부작용을 초래할지도 모른다고 우려했다.

"어떻게 해서 잡은 정권인데…"

허화평은 김재익에게 생명을 위협하는 험악한 말을 해 가면서까지 실명제 취소를 압박했다.

이 같은 내부적 진통은 정부의 기습 발표 이후 5개월가량 지속되었다. 대통령은 막판까지도 물러설 생각이 없었다. 부작용이 있다면 일부 수정해서라도 밀어붙이려 했다.

국회에서 법을 통과시켜야 하는데, 시간이 갈수록 당의 태도가 반대쪽으로 기울었다. 반대론자들은 처음에는 단계적 실시를 주장했으나 정작 법률 제정 작업에 들어가면서 전면 연기 또는 백지화로 더 강경하게 선회해 버렸다. 야당까지 맞장구를 치며 정부를 막바지로 몰아갔다. 결국 대세는 기울었고 정부 안에서조차 반대 분위기로 돌아섰다. 경제팀장 김준성 부총리가 청와대로 급히 불려갔을 때는 이미 판세가 완전히 역전되었을 때였다.

"도저히 안 되겠습니다."

대통령도 어쩔 수 없이 접을 수밖에 없었다. 다음 날 새벽 청와대로 들어간 재무장관 강경식은 "법이라도 살려 달라"고 대통령에게 간청했다. 그리하여 「금융실명제에 관한 법률」은 국회를 통과했다. 하지만 실시 시기가 빠진 허수아비 법이었다. 김재익·강경식으로서는 허무한 5개월이었다.

별도로 주목할 일은 허화평·허삼수 두 사람이 이 과정에서 경질당한 사실이다. 아무도 상상할 수 없는 사건이었다. 전두환은 반대에 부딪쳐서 금융실명제는 포기했지만, 거사를 함께 도모해 온 최측근을 쳐낸 것이다. 백면서생 경제학자 김재익의 정치적 승리이기도 했다. 전두환의 금융실명제에 대한 집념이 어떠했는가를 보여 준 한 단면이었다.

만약 반대를 무릅쓰고 금융실명제를 실시했더라면 어떻게 되었을까? 아마도 매우 심각한 부작용들에 직면했을 것이다. 그로부터 10년이 지난 뒤에 실시되었는데도 실명제의 부작용에 대한 대응 정책이 논란거리였으니 말이다. 공교롭게도 그 대책의 필요성이 금융실명제를 실시한 김영삼 정부 말기의 부총리였던 강경식에 의해 제기되었다. 참으로 희한한 운명의 장난이다. 강경식이 누구인가. 10년 전 전두환 정권이 금융실명제를 실시했을 때 재무장관으로서 최전선에서 밀어붙였던 장본인 아니었던가.

금융실명제에 관해 김대중이 그동안 어떤 입장을 보여 왔는지도 많은 점을 시사한다. 지하경제의 발본색원을 강력히 주장해 왔고, 전두환 시대의 실명제 후퇴를 맹렬히 비난해 왔던 이 나라의 대정치가인 그가, 김영삼의 금융실명제가 실시된 지 4년쯤 지난 시점에서 "지금의 실명제는 완화가 필요하다"고 했으니 말이다. 그 이유를 필자가 신문사 경제부장 시절에 평민당 총재였던 김대중에게 직접 묻고 대답을 들은 적이 있었다.

"최근에 강경식 부총리가 실명제 완화 필요성을 언급했는데, 어떻게 생각하십니까?"

"맞는 이야기 같아요."

"아니 총재님, 전두환 시대나 노태우 시대에 실명제 추진이 도중하차했을 때 맹렬히 비난하지 않았습니까? 지하경제의 비리를 척결하기 위해서는 강력한 금융실명제가 꼭 실시되어야 한다구요."

"흐음, 해 보니까 그게 아니더구만."

김대중의 이 말은 솔직한 고백이었다. 실명제 실시로 겪게 된 정치인들의 고민은 다름 아닌 정치자금 문제였던 것이다. 정치자금법 자체가 까다로워진 점도 있지만, 실명제 실시로 인해 돈에 꼬리표가 달리자 정치자금을 걷어 써야 하는 정치인들로서는 여간 큰 타격이 아니었다. 어찌 보면 실명제 실시의 첫 번째 피해자가 정치인이었다. 1983년 당시 대통령의 그처럼 단호한 의지에도 불구하고 민정당이 '불가'로 입장을 굳힌 것도 바로 이런 고민에 봉착한 결과였다. 야당도 다르지 않았다.

　김영삼이 실시한 실명제 이후의 일이지만, 역시 실명제 실시가 몰고 온 최대의 쓰나미는 정치 쪽에 가장 큰 타격을 입혔다. 김영삼의 아들 김현철의 비리를 비롯해 전두환·노태우의 수천억대 뇌물 수수도 금융실명제가 없었더라면 밝혀질 수 없었을 것이다. 재벌 총수들의 가명·차명 예금들이 모조리 들통나게 된 것 역시 실명제의 위력을 실감케 한 사례들이다.

　금융실명제의 실무적 어려움의 초점은 전산화 여부였다. 정치적 결단과 상관없이 만약 전두환 정부가 실명제를 당시에 시작했더라면 마치 '교통경찰이 재수 없는 과속차량만 단속하는 격'을 면치 못했을 것이다. 김종인의 지적대로 국세청의 징세 능력이 온전한 실명제를 감당할 수 없던 시대였기 때문이다. 반면에 10년 뒤에 전격적으로 김영삼이 실시한 실명제가 그나마 자리 잡을 수 있었던 것은 그사이에 컴퓨터산업의 눈부신 발전으로 사회 전반에 걸쳐 엄청나게 빠른 속도로 전산화가 진전된 덕분이었다.

　아무튼 전두환의 실명제 추진은 요란하게 시작되었으나 조용히 사라졌다. 부작용 여부를 떠나서 애당초 실패할 수밖에 없었다. 정말 하고자 했다면 김영삼처럼 대통령 긴급조치로 후다닥 해치웠어야 했다. 정부 방침을 발표하고 국회를 정상적으로 통과시켜 가면서 성사시키려 했던 것이 순진한 오판이었다. 10년 뒤 김영삼의 실명제 실시는 대통령 긴급조치로 전격적으로 해치웠기에 가능했다. 만약 이때도 전두환 때처럼 토론 과정을 거쳤더라면 결국 수포로 돌아갔을 가능성이 크다.

제2부

세 마리 토끼를 잡다

"이젠 수입이 선(善)이다"

양담배 수입 금지가 전두환 시대에 풀린(1986년 9월) 것을 기억하는 사람은 많지 않을 것이다. 그 이전까지 수입 담배 흡연은 엄격히 금지되어 왔다. 호주머니에 넣고만 있어도 걸렸고, 단속반은 멀리서 피는 담배 연기 올라가는 것만 보고도 쫓아가서 잡아가곤 했다. 국제수지가 흑자로 바뀌면서 비로소 양담배 수입이 허용되기 시작한 것이다.

양담배 이야기는 "수입은 나쁜 것"이라는 해묵은 고정관념의 예로 든 것이다. 우리의 뇌리 속에는 "수출은 선이요, 수입은 악이다"라는 인식이 강하게 자리 잡아 왔다. 국제수지 만성 적자국으로서 어쩔 수 없이 수입 규제를 해야 하고 일종의 폐쇄경제 정책을 펼 수밖에 없었기 때문이다. 수입을 줄이고 오직 수출을 늘려 나가는 것만이 한국경제의 살길이었다. 이른바 수출보국(輸出報國)이다.

1970년대 말~80년대 들어오면서 이러한 고정관념에 변화가 일기 시작했다. 수출 지상주의에 제동이 걸리면서 안정화 정책이 본격화되기에 이르렀고, 그와 함께 적극적인 개방 정책도 고개를 들기 시작했다. 요컨대 물가 안정과 대외 개방 정책을 통해 활로를 열어 가야 한다는 쪽으로 정책 방향이 선회하기 시작한 것이다.

　　하지만 이게 어디 쉬운 일인가. 수입 개방 정책 또한 안정화 정책 못지않은 저항을 겪어야 했다. 여기저기서 개방파와 수구파의 갈등이 노골적으로 표출됐다.

　　특기할 점은 외국으로부터 개방 압력이 작용해서가 아니라, 우리 스스로가 먼저 개방 문제에 대한 논의를 시작했다는 점이다. 다행히도 군부는 특별한 생각이 없었다. 잘 모르니까 전문가들에게 맡겨 놓고 보자는 중립적인 입장이었고, 대통령 전두환의 주변에는 주로 개방파들이 포진하고 있었다. 결국 공론에 부쳐졌다.

　　관료들끼리, 연구기관끼리 대립이 시작됐다. 1983년 2월 재무부가 수입 장벽을 과감하게 트고 관세율을 대폭 낮추자고 나서자 상공부는 실정도 모르는 돈키호테 같은 발상이라면 맞받아쳤다. 싸움은 연구기관들의 대리전으로 확대되어 갔다. 자유화를 주장하는 KDI가 언론계를 상대로 한 세미나에서 "1987년까지 쌀을 제외한 모든 품목의 수입을 완전 자유화하고 관세도 대폭 내려야 한다"고 발표했다. 농산물도 수입 개방해야 한다는 논문을 발표하던 양수길 박사는 농민으로부터 똥물을 뒤집어쓰는 봉변도 당했다.

선제공격을 당한 상공부가 가만있을 리 없다.

"완전 수입 자유화라니…."

같은 국책연구기관으로서 라이벌 관계에 있던 산업연구원(KIET)이 "국제수지 적자가 계속되고 있는 마당에 수입 개방을 서둘면 안 된다"며 즉각 반격에 나섰다.

급기야 주무장관끼리 맞붙었다. 과천 중앙공무원교육원에서 경제 관료들의 합동연수회가 열렸다. 강경식 재무장관은 "수입 자유화 정책이 절실하다"고 포문을 열었고, 그다음 날 같은 장소에서 같은 시간에 김동휘 상공부장관은 "성급한 수입 자유화는 국내 산업을 망친다"며 반격했다.

이 논쟁은 승패를 떠나 한국의 수입 자유화 과정에서 부처 간 공개 논쟁으로 정책 배틀을 벌인 최초의 사례로 기록되어야 할 것이다. 단순한 부처 이기주의에서가 아니라 서로가 논리와 이론을 내세워 벌였던 매우 생산적인 정책 대결의 자리였다. 이 같은 공개 논쟁은 그 이후 여태까지도 없었던 것 같다.

수입 개방 논쟁은 당시로서는 충격적이었다. 언론은 모두가 반대했다. '미제 홍수', '수입품 봇물 터져'와 같은 자극적 제목을 달아서 개방론을 공격했다. 이 같은 여론을 등에 업고 상공부는 "개방을 안 하자는 게 아니다. 개방 예시제(豫示制)를 통해 점진적으로 해 나가자는 것"이라면서 개방론자들의 예봉을 막았다.

그러나 대세는 대통령 주변을 장악하고 있는 개방론자들로 기울었다. 선봉장은 재무장관 강경식이었다. 그는 재무부 직원의 의식구조부터 바꿔야겠다고 마음 먹었다. 수입 개방과 자유경쟁시장의 장점을 역설한 『이코노폴리시』라는 책을 과장급 이상 직원들에게 나눠 주면서 두 번 이상 읽으라고 다그쳤다. 지금 같으면 SNS에 오르고 난리가 났을 일이다.

강경식은 개방으로 가는 첫 번째 관문은 관세제도 개편이라고 생각했다.

"국내 시장만 파먹는 내수 전용 산업은 더 이상 보상해선 안 된다. 개방을 통해 외국 기업과 경쟁을 시켜야 한다. 그 경쟁에서 도태되어도 할 수 없다."

그는 관세율을 1984년부터 '88년까지 단계적으로 인하하는 이른바 예시제를 기어이 법으로 못 박았다. 이를 계기로 고율의 관세로 국내 산업을 보호하자는 말은 사라지게 된다. 획기적인 일이었다. 외국으로부터의 압력도 없었고, 국제수지도 적자인 상태에서 이 같은 관세제도 개편을 법제화한 것은 지금 와서 봐도 미래를 내다본 대단히 혁명적인 조치였다.

왜 반발이 없었겠는가. 국내의 수많은 기업들이 정부의 수입규제 정책의 보호 덕을 크게 봐 왔는데, 정부가 앞장서서 수입 규제를 풀고 수입을 장려한다고 하니 가만있을 리 만무다. 그러나 기존의 산업구조와 체질을 근본적으로 뜯어고쳐야 하고, 그 방책으로 외국 기업들과 싸움을 붙이겠다는 것이 개방 정책의 핵심 이유였고, 이 논리를 신군부가 지지하고 있었다. 돌이켜 생각하면 외채 망국론이 사방에 자리 잡고 있었고, 이해관계에 직간접으로 얽혀 있는 국내 기업들을 비롯해서 정부 일각과 언론들이 떼거지로 개방 정책을 반대하는데도 불구하고 수입 개방을 설파해 나간다는 것은 결코 쉬운 일이 아니었다.

개방론자로서 당시 정책에 깊이 간여했던 김기환의 회고를 들어 보자.

> 정권이 바뀌면서 가장 염려스러웠던 것은 혹시 신군부가 버마(미얀마)처럼 문을 걸어 잠그는 쪽으로 정책을 펴 나가지 않을까 하는 것이었다. 그래서 집권 초부터 김재익 경제수석이나 강경식 재무장관 등과 함께 전두환 대통령을 만날 때마다 쇄국 정책은 절대 안 된다고 강조했다. 다행히 대통령은 개방 정책에 흔쾌히 동의했고, 오히려 주위의 반대를 적극적으로 막아 주는 울타리 역할도 마다하지 않았다.

대통령의 결심이 있었기에 부처 차원에서 개방론을 지속적으로 펴 나갈 수 있었다는 증언이다.

사실 개방 정책과 쇄국 정책이 빚어낸 차이는 얼마든지 있다. 굳이 버마로 갈 것도 없다. 일본이 문을 활짝 열었을 때 조선의 대원군은 문을 꽁꽁 걸어 닫는 쇄국 정책을 펴지 않았나. 최근사로 넘어오면 중앙아시아의 카자흐스탄과 우즈베키스탄의 대비가 그렇다. 훨씬 못살던 카자흐스탄의 나자르바예프 대통령은 개방 정책을 통해 경제 강국으로 올라선 반면, 폐쇄 정책을 고집했던 카리모프의 우즈베키스탄은 급속히 추락해서 빈국으로 전락해 버린 좋은 사례다.

당시의 개방 정책을 논하면서 김기환을 빼 놓을 수 없다. 국보위 시절부터 전두환과 인연을 쌓기 시작해서 김재익과 같은 노선을 걸으면서 김만제의 후임으로 KDI 원장에 앉았고, 특히 수입 자유화의 기수라고 불릴 만큼 개방 정책에 앞장섰던 인물이다. 1983년 아웅산 사건으로 김재익이 변을 당하고 강경식이 경제팀에서 물러난 후로는 크고 작은 자유화 바람은 거의가 그의 손에서부터 발동이 걸렸다.

보호주의자 쪽에서 볼 때 그는 골칫덩어리, 사고뭉치였다. 진짜 사고는 1983년 10월 상공부 차관으로 정부의 공식 직함을 가지면서부터였다. 비록 차관급이었지만 대통령의 낙점에 의한 인사였다. 신병현 당시 부총리의 증언도 그랬다.

나 역시 개방 정책을 서둘러야 한다는 입장이었는데, 해당 부처들이 좀처럼 움직여 주지 않았다. 김기환 KDI 원장이 상공부 차관으로 옮겨 앉으면서 달라지기 시작했다.

그전 같으면 개방론자가 상공부 차관에 앉는 것 자체가 있을 수 없는 일이었다. 더구나 소신이 강하고 비타협적인 스타일인 그가 개방 정책에 대해 가장 부정적인 상공부에 발을 들였으니 조용히 넘어갈 리 없었다. 당시 상공부는 개방론에 대응하기 위해 예시제를 통한 점진적 개방 정책을 표방하고 있었으나 실제로는 말뿐이었다. 애당초 할 마음이 없었거니와 구체적인 작업도 진척되지 않았다. 예시제를 앞세워 일단 시간을 끌고 보자는 것이 상공부의 심산이었다.

차관이라는 자리는 정책을 지휘하기보다는 안방 살림을 챙기는 행정 업무에 치중하면서 조용히 장관의 뒤치다꺼리나 하는 게 보통이다. 김기환은 달랐다. 그는 당시를 이렇게 회고했다.

참, 처음에는 기가 막혔다. 명색이 차관인데 아무리 시켜도 직원들이 차관 말을 들은 체 만 체였다. 수입 개방 예시제를 한다 했는데, 그 세부 계획을 보자고 국장들에게 여러 차례 말했으나 준비가 덜 되었다면서 차일피일 미뤘다. 사람을 찾으면 아예 내 방에 오지도 않았다. 그러던 끝에 하루는 국장들이 찾아와서는 "상공부를 죽이려고 이러십니까?"라며 집단 항의하는 일도 있었다. 하는 수 없이 명색이 차관인 내

가 수입 품목을 책상에 전부 늘어놓고서 직접 줄을 그어 가
며 수입 예시 목록을 만들어 나갔다. 정말 어려웠다.

그리하여 수입 개방의 품목별 예시 일정이 정기적으로 발표되
었고, 상공부는 억지춘향으로 꾸역꾸역 품목별로 수입 규제를 풀
어 나갈 수밖에 없었다.

그래도 여기까지는 국내 산업의 체질 강화 차원에서 취해진 자
발적인 수입 개방이었다. 하지만 1983년 말부터 미국으로부터 반
덤핑 등 통상 문제와 관련한 압력이 본격화되기 시작하면서 개방
정책은 또 다른 국면을 맞게 된다. 우리 입맛대로 개방 일정을 짜
고 말고의 차원을 벗어나서 미국의 요구가 개방의 속도와 내용
을 좌지우지하는 상황으로 급변하게 된 것이다.

대통령 측근에서 개방 정책을 호위해 왔던 김재익이 아웅산에
서 불의의 변을 당했으나, 후임 경제수석 사공일 또한 투철한 개
방론자였다. 대통령을 설득하는 능력도 전임자 못지않았다. 미국
으로부터의 통상 압력에 따른 사태의 심각성을 깨달은 사공일은
상공부 차관으로 악명(?)을 날리던 김기환을 발탁해서 경제부총
리 직속의 해외협력위원회(해협위) 기획단장에 기용했다. 수입 개
방 문제뿐 아니라 주요 현안으로 떠오른 대미 통상 마찰 문제까
지 총괄토록 한 것이다. 대미 통상 마찰에 본격적으로 대비해야
한다고 판단한 사공일은 대통령을 설득해 기존의 해협위 기획단

에 통상 문제의 총괄 기능을 부여하고 김기환에게 지휘봉을 맡겼다. 대통령 특사 성격을 부여해서 밖에 나가서는 대사 직명도 사용하게 했다.

돌이켜 보면 김기환은 '고독한 선각자'였다. 김기환은 통상 문제를 총괄하는 자리였으므로 차관급이었음에도 불구하고 장관들을 상대로 개방 정책의 중장기계획 등 여러 가지 껄끄러운 통상 현안을 언급하지 않을 수 없었다. 이를테면 장관들을 앞혀 놓고서 "일반 공산품의 수입 개방은 물론이고 건설이나 유통시장에도 개방 압력이 조만간 몰려올 것이기 때문에 지금부터 대처해야 한다"든가, "그러자면 어떠어떠한 법규를 미리미리 손봐야 한다"는 등, 강의식 발언이 잦았다. 이런 것들이 장관들의 심기를 불편하게 만들었다. 상공부를 필두로 장관들은 언성을 높이며 걸핏하면 김기환을 윽박질렀다. 차관급 주제에 어디서 함부로 남의 부처 소관 사안에 대해 이래라 저래라 하느냐는 것이다.

미국의 통상 압력은 김기환의 예상과 우려대로 진행됐다. 그러나 한국 정부의 대처는 뜻대로 흘러가지 못했다. 원래 "통상 문제는 9할이 국내 문제"라는 말이 있듯이 대내적인 갈등이나 여론 탓에 번번이 발목이 잡혔다. 김기환은 미국이 어떤 태도를 취할 것인가를 예측하는 데에는 밝았으나 국내적인 저항을 어떻게 극복할지에 대해서는 부족한 점이 많았다. 당장 정부 내의 갈등부터 문제였다. 누가 한국을 대표하는 수석대표로 통상회의에 참석

할지를 놓고 다툼이 끊이지 않았다. 해협위 기획단은 당연히 김기환 단장이 수석대표로 주도해야 한다고 했고, 상공부는 통상 업무의 국제적 대표성은 어디까지나 상공부여야 한다고 했고, 외무부는 외교의 전문성을 내세워 한 치도 양보를 거부했다. 이런 시비로 협상은 뒷전이고 배가 산으로 올라가기 일쑤였다. 결국 청와대의 응원에도 불구하고 미운 털이 박힌 해외협력위원회는 해체되었고 김기환은 정부를 떠나야 했다. 만약 김기환의 해협위 기획단이 살아남았다면 전두환 정권의 개방 정책은 한결 진일보했을 것이다.

걸림돌의 하나는 언론이었다는 점도 돌이켜 봐야 한다. 상공부 차관에서 해협위 기획단장으로 옮긴 직후 김기환은 서둘러 개방 전략에 대한 종합보고서를 만들었다. 장기계획이었으나 과감한 개방을 전제로 한 파격적인 내용을 담고 있었다. 여론의 혹독한 비판을 받았다. 심지어 정부 안에서조차 "저 사람, 미국 CIA 앞잡이 아니냐"는 인신공격을 공공연히 해 댈 정도였다. 언론도 "20년이나 미국에 살았으니 한국 실정을 알 턱이 있겠느냐"는 식으로 매도했다. 미국 기업을 끌어들여서 한국 기업들을 모두 망하게 하는 매국노라고 부르기까지 했다. 이에 대한 김기환의 반응은 이랬다.

"한국을 오래 떠나 있었다고 해서 나더러 한국을 모른다고 하는데, 그렇다고 치자. 그러나 미국에 오래 살았던 내가 미국 사람들의 속셈이나 미국 실정은 한국에서만 오래 산 사람들보다 잘 알 것 아닌가."

그의 불만이 아니더라도 한국 언론들은 대체로 개방 정책에 대해 부정적 보도를 해 온 것이 사실이다. 전두환 시대뿐 아니라, 그 이전이나 이후에도 언론은 정부의 개방 정책을 줄곧 비판하는 보도로 일관해 왔다. 한국 언론은 우물 안 개구리였다. 특정 국내 기업의 이해관계에 얽혀서가 아니라, 기본적으로 바깥세상이 어찌 돌아가고 있는지를 몰랐다.

아무튼 전두환 시대 전체를 아울러 볼 때 신군부는 시작부터 개방 정책을 표방했고, 학자나 관료 모두 개방론자들이 포진함으로써 정치 면에서의 권위주의 독재와는 무관하게 경제 쪽에서는 개방 정책에 괄목할 만한 진전을 보였음을 부인할 수 없다. 대통령 스스로도 개방에 대한 이해가 확고했다. 인사 면에서 시종 개방론자들을 중용했다. 김기환을 상공차관에 기용했다든지, KIET가 상공부와 한편이 되어서 수입 개방을 반대하자 박성상 원장을 내보냈고, 개방론자 사공일을 KDI 부원장에 앉히는 등 개방 문제에 있어서는 정책이나 인사나 흔들림이 없었다.

이 같은 일관된 개방 정책이 3저 호황과 맞아떨어지면서 전두환 집권 중에 "수입은 나쁜 것"이라던 종래의 인식도 많이 달라지게 된다. 1964년 수출 1억 달러 달성을 기념해 제정한 '수출의 날' 연례행사(매년 11월)도 1987년부터는 '무역의 날'로 바뀌었다. 더 이상 '수출만이 살 길'이 아닌 시대로 접어든 것이다. 돌이켜 보면 전두환 정권이 시종일관 개방 정책을 펴 나간 것은 매우 다행스런 일이었다.

불황의 늪

이재명 더불어민주당 대선 후보가 선거 유세 중에 "전두환 대통령이 경제는 제대로 굴러가게 했다"고 말했다가 지지자들이 들고일어나는 바람에 홍역을 치렀다. 전라도에서는 전두환을 매도했던 그가 경상도 유세에서는 경제는 잘했다는 식의 발언을 했다가 벌어진 해프닝이다. 맞는 말을 해 놓고서도 혼이 난 것이다.

이러니저러니 해도 전두환 경제는 '지옥'에서 출발했으나 물가 안정에 성공했고, 아무리 3저 호황의 운이 따랐다 해도 단군 이래의 호황 속에 대통령에서 물러났으니 이재명의 말처럼 경제는 제대로 굴러가게 했다.

집권 후 전두환은 어떤 대가를 치르더라도 물가를 안정시키겠다고 다짐했고, 실제로 그것에 전념했다. 집권 2년이 지나면서 물가는 눈에 띄게 안정되어 나갔고, 자신감도 가질 만했다. 그러나 문제는 경기였다. 불황에 빠져든 경기는 3년이 지나도록 회복될 기미를 보이지 않았다. 다시 말해서 물가 안정 목표는 비록 달성했으나 경제가 제대로 돌아가지 않았다. 기업들의 투자가 활기를 띠고 경기가 좋아져야 소위 일자리 창출이 될 텐데, 그게 안 되니 문제였다.

그토록 물가 안정을 강조했던 전두환도 경기 부양에 그냥 팔짱만 끼고 있었던 게 아니다. 박정희 시대 내내 국민 위화감 조성을 이유로 불허해 왔던 컬러 TV 방영을 허용한 것은 국내 전자업체들에게 적지 않은 도움을 줬고, 공무원들의 자가운전 제도 도입은 자동차산업의 불황을 타개하는 데 한몫을 한 조치였다. 지금 생각하면 그런 일도 있었나 할 정도로 수많은 규제와 새로운 제도가 경기와 관련해서 생겨나고 없어지고 했다. 양도세 인하나 부동산 규제 완화 조치 등도 거듭되었다. 여러모로 부양책을 폈으나 경기는 꿈적도 않았을 뿐이다.

거시정책 면에서는 긴축 기조를 줄곧 내세웠으나, 계속되는 불황에 전두환도 내심 걱정이었다. 걱정은 경제팀장 인사에도 반영되었다. 철저한 긴축론자였던 신병현을 경질하고 실물경제에 밝다는 김준성을 앉힌 것도 그러한 맥락에서였다.

경기의 관건은 역시 수출이었다. 1983년의 수출 목표는 300억 달러였다. 상공부장관이 대통령에게 보고한 수출 목표는 지상과제였다. 상공장관 금진호는 연말이 다가오자 속이 탔다. 실무자들이 아무리 계산기를 두드려 봐도 270억 달러를 넘기는 게 불가능했다. 결국 통계를 건드리는 수밖에 없었다. 그해 수출 실적은 목표치를 살짝 넘긴 302억 달러로 발표되었다. 엄연한 통계 조작이었다.

조작의 방법은 간단했다. 이른바 수리 선박의 통계 처리는 수리비만 반영해야 하는데도 불구하고, 수리하러 입항했다가 나가는 뱃값 전체를 몽땅 수출 실적에 포함시킨 것이다. 예컨대 1억 달러짜리 대형 유조선이 울산조선소에 정박해서 수리를 하고 수리비 10만 달러를 지불하고 떠났는데, 정부의 통계에는 수입 1억 달러, 수출 1억 10만 달러로 계상해서 수출 실적을 부풀렸다. 정부가 수출 회복과 경기 부양을 위해 통계 조작까지 해 가면서 안간힘을 쓴 것이다.

물가 안정이 일념이었던 전두환의 마음도 한때 크게 흔들렸다. 1983년 7월 개각에서 대통령은 전혀 뜻밖의 인물을 경제팀장에 앉힘으로써 사람들을 깜짝 놀라게 했다. 정부 출범 이후 처음으로 김재익의 정책 노선에 결코 찬성하지 않을 인물을 대통령이 경제팀장에 기용했으니 말이다. 졸지에 긴장감이 감돌았다. 1년 2개월 전에 석연찮게 상공부장관에서 물러남으로써 서석준은 끝난 줄로 알았다. 그랬던 그가 김준성의 후임으로 부총리 겸 경제기획원장관으로 컴백한 것이다.

44세의 경제부총리 서석준. 그는 '박정희 키즈'의 선두 주자였다. 그야말로 엘리트 경제 관료의 선두 주자로 일컬어져 온 성장론자 서석준이 경제팀의 총수 자리에 돌아왔다는 사실 하나만으로도 이목을 집중시키기에 충분했다.

"우리는 아직 개발도상국입니다."

그의 취임 일성은 지극히 평범했으나 사람들은 심상찮은 변화의 조짐을 직감했다. 개발도상국임을 강조한 것은 그동안 개혁을 표방해 온 정책 노선에 대해 경제기획원장관인 자신이 직접 나서서 상당 부분 바꿔 나가겠다는 우회적인 의지 표명이었다. 더구나 경기 회복이 여의치 않은 시점에 그를 경제팀장에 기용한 것은 대통령의 의지가 물가 안정에서 경기 부양 쪽으로 옮겨 갔음을 짐작케 했다. 언론 논조도 대부분 그러했다.

과거의 경력을 봐도 그럴듯한 추측이었다. 개혁파의 쌍두마차였던 경제수석 김재익과 재무장관 강경식 모두가 경제기획원 시절 서석준을 상관으로 모셨고, 당시 서석준은 카리스마적 리더십으로 평판이 나 있던 정통 경제 관료였다. '굴러온 돌' 개혁주의자 김재익이 박힌 돌들로부터 한창 따돌림을 당하며 좌절을 겪고 있을 당시였다.

서석준은 철저한 현실주의자요, 빈틈없는 행정가였다. 매사에 능수능란했다. 따라서 불황 속에 취임한 서석준이 어떤 정책을 선택해 나갈지는 시간이 문제였을 뿐, 앞으로 전개될 항로가 뻔히 내다보였다.

서석준은 우선 인사부터 손을 댔다. 그 전해에 김재익과 강경식이 주도해서 경제기획원과 재무부 간부 인사를 통째로 바꿔 놓았었는데, 서석준은 이것부터 완전히 원위치시켜 버렸다. 대통령의 사전 양해 없이 독자적으로 이런 일을 벌였을 리 없다. 이런 일도 있었다. '영동진흥개발 사건'이라는 대형 금융사고가 터졌는데, 당연히 재무장관 소관이었음에도 불구하고 해외 출장 중이라는 이유를 달아 귀국 이전에 경제기획원장관이 언론에 터뜨렸다. 주무장관을 의도적으로 따돌린 것이다.

사람을 바꿨으니 다음 순서는 정책에 손을 대는 것이다. 어쨌든 서석준의 등장을 기점으로 전두환 정부의 안정화 정책은 끝났다고 생각하는 사람들이 많았다. 서석준은 대통령을 수행하는 버마행 비행기를 타기 직전까지도 새 판의 구도를 어떻게 짜 나갈 것인가를 놓고 바빴다. 가까운 사람들을 만나서는 공공연하게 기존 정책 기조를 비판했다.

그러나 서석준은 자신의 구상을 본격적으로 시작도 못 해 보고 부총리 취임 4개월 만에 아웅산 사건이라는 참변을 당하고 말았다. 경제수석 김재익과 함께.

만약 아웅산 사건이 없었더라면 어떻게 되었을까? 그간의 정책 기조가 완전히 달라졌을까? 누구도 단언할 수 없는 일이다. 다만 시기적으로 장기 불황이 계속되는 가운데 갖가지 개혁 정책의 피로 현상이 각 부문에서 터져 나올 무렵이었고, 대형 금융사고까지 이어지는 바람에 대통령으로서는 정치적으로나 경제적으로나 매우 힘든 지경에 처해 있었다. 그러나 한때 흔들리나 싶었던 전두환의 물가 안정에 대한 뚝심은 여전했다. 김재익을 아웅산 사건으로 잃었음에도 세출을 동결했던 1984년의 예산을 그대로 집행하고 흑자로 남긴 돈을 몽땅 정부의 한은 차입금 상황에 계획대로 썼음은 물론이고, 아웅산 사건 이후 부총리에 긴축론자 신병현을 다시 기용한 것이다. 물가에 대한 집념이 식지 않았음을 보여 주는 인사였다.

1983년 하반기 이후 드디어 경기 회복 조짐이 통계로 읽히기 시작했다. 그해의 실질경제성장률이 9.5%였고, 이듬해 1984년의 1/4분기 성장률은 12.5%를 기록한 것이다. 그토록 애태웠던 불황 탈출을 단숨에 해냈다는 축제 분위기였다. 하지만 다시 경기는 주저앉기 시작했다. 그도 그럴 것이, 경기가 좋아진 것은 기업들의 투자가 늘어서가 아니라 건설 부문이 활기를 띤 덕분이었다. 시중에 풀린 돈이 마땅한 투자처를 찾지 못한 나머지 이른바 '향락산업' 쪽에 몰려가면서 건축허가 면적을 확 늘려 놓은 것을 놓고서 지레 좋아했던 것이다. 우려대로 경기는 다시 내리막으로 접어들었다. 1984년 1/4분기 12.5%까지 올라갔던 성장률은 4/4분기에는 4.1%로 떨어졌다.

사공일이 경제수석에, 김만제가 재무장관에 앉는 것을 계기로 전두환 경제의 큰 틀은 알게 모르게 크게 선회하기 시작한다. 그동안의 물가 안정 일변도의 경제정책에 상당한 변화가 일어난다. 그때만 해도 설마하니 '단군 이래 최대 호황'의 거대한 물결이 다가오고 있음을 누가 알았겠는가.

전두환 리더십

국민의힘 윤석열 대선 후보가 전라도 유세에서 "전두환이 사람을 믿고 쓰는 것은 잘했다"라고 한마디 했다가 혼쭐이 났다. 틀린 말이 아니었거늘 사방에서 실언이라고 들고일어났고, 어쩔 수 없이 "말뜻이 와전되었다"면서 정정하는 사태를 빚었다. 무엇이 와전되었다는 말인가? 그가 사람을 믿고 잘 썼다는 게 사실이 아니라는 말인가?

과연 전두환의 용인술이 어떠했는지를 경제 분야를 중심으로 되짚어 보자.

경제에 무지했던 그가 집권 전부터 박봉환을 선생으로 모시고 경제 공부를 시작했음은 여러 차례 언급한 바 있다. 국보위 상임위원장이 되어서는 박봉환의 추천으로 김재익을 썼고, 대통령이 되어서는 경제 선생을 경제수석으로 직함만 바꿔서 곁에 앉혔다. 아웅산 사건으로 김재익을 잃게 되자, 귀국 즉시 평소 머릿속에 점찍어 놓았던 사공일을 후임 경제수석에 앉혀서 후반기 경제를 통째로 맡기다시피 했다. 그리고 임기 말까지 마지막 9개월은 경제수석에 사공일 추천으로 그의 친구인자 국제금융시장에서 명성 있는 박영철을 앉혔다. 이처럼 그는 발탁한 인물은 여간해서 버리지 않았다. 한번 신임을 주면 계속 요직을 맡기고 소신껏 일하게 했다. 오죽하면 신병현을 부총리 겸 경제기획원장관에 두 번 앉혔을까.

신병현은 참으로 특이한 인물이었다. 한국은행에서 근무하는 동안에 청렴하고 정직한 성품으로 주위의 놀림감이 될 정도로 고지식한 인물이었다. 전두환은 그런 그의 고지식함을 높이 평가했다. 한은 총재를 지낸 사람이 도저히 갈 수 없는 상공부장관에 보내는가 하면 초대 경제부총리에 앉혔고, 아웅산 사건으로 서석준이 변을 당하자 그 후임에 또다시 불러들인 것이다. 잘한 인사인지 못한 인사인지는 별도로 논할 일이겠으나, 분명한 점은 전두환이 아니면 있을 수 없는 인사였다.

강경식도 마찬가지다. 재무장관으로 발탁돼 금리 인하와 금융실명제 실시를 밀어붙인 장본인. 본인도 실명제 실패를 이유로 사의를 표명했고 대통령 입장에서도 책임을 물어 경질할 만했으나 아웅산 사건 이후 오히려 그에게 부총리를 맡기려 했다. 본인의 완강한 고사로 대통령 비서실장 자리를 맡게 된다.

통신혁명을 주도했던 오명은 경제수석실의 비서관에서 출발해서 체신부 차관으로 승진시켜 6년 넘도록 그 자리에서 일관된 IT 정책을 끌어가게 했고, 장관까지 올라간 특이한 사례다. 예산 동결의 총대를 멨던 문희갑은 부이사관급에서 예산실장으로 발탁되었고, 노태우 시대로 넘어가서 첫 경제수석을 지냈다. 후반기 경제수석을 지냈던 사공일 재무장관도 정권이 바뀌었음에도 불구하고 노태우 정권의 첫 재무장관으로 유임되어 많은 사람들을 어리둥절케 했다. 이는 전두환이 친구이자 후계자이기도 한 노태우에게 자신의 경제정책을 계속 지켜 나가도록 한 안전장치였던 셈이다.

전두환이 믿고 맡기는 스타일이긴 해도 마냥 아랫사람에게 맡겨 놓고 뒷짐이나 지고 있는 게 아니었다. 나름대로 인사에 견제와 균형을 취했고, 맡겨 놓고서 일을 제대로 하는지 안 하는지 몰래 챙기는 일도 소홀히 하지 않았다. 수행하는 장관과 수석에게 불시에 물어보고 통계숫자를 챙겼다. 반대의견도 청취하는 소위 크로스체크도 게을리하지 않았다. 수석비서관들은 수첩에 별의별 관련 통계들을 빼곡하게 적어 다녀야 했다. 사공일은 보스였던 전두환의 리더십을 이렇게 회고했다.

대통령을 보좌하는 게 나로서는 매우 쉽기도 하고 어렵기도 했다. 아무리 대통령이 지시했던 사항이라도 합당한 이유를 들어 설명을 하면 언제든지 쉽게 번복시킬 수 있었던 반면에, 완벽주의자여서 엉터리 보고를 했다가는 국물도 없었다.

경제정책 쪽의 리더십이나 용인술 면에서 박정희와 전두환을 비교하는 것도 의미가 있다. 우선 스타일 면에서 과묵했던 박정희와 다변이었던 전두환은 다른 점이 많았다. 박정희는 지위고하를 막론하고 '듣기'를 우선했던 반면 전두환은 자신이 '말하기'를 좋아했다. 하지만 카리스마가 강한 리더십을 발휘했으며 믿고 맡기는 용인술 면에서는 닮은 점이 많았다. 박정희에게 "경제는 당신이 대통령이야"는 김정렴이었다. 박정희는 그에게 비서실장 발령을 내면서 "나는 정치와 안보에 전념할 테니 경제는 당신이 챙기시오"라며 임명장을 준 이후, 무려 9년 3개월이나 중용했다. 18년 집권에 절반이나 김정렴을 비서실장에 앉혔던 것이다. 그에 미치지는 못하겠으나 전두환도 경제수석에 '전반 김재익, 후반 사공일'을 앉혀서 그 둘을 중심으로 경제를 꾸려 갔다.

김재익이 초장부터 전두환 경제의 기본 틀을 짜 나갔다고 한다면, 그보다 더 오랜 기간 동안 대통령을 보좌하면서 전두환 경제의 완성을 이뤄 낸 인물은 사공일이었다. 장관에는 직업 관료를 앉히고, 측근에서 자신을 보좌할 경제수석은 창의력 있고 개혁적인 성향의 학자 출신을 기용해야 한다는 것이 전두환의 기본 생각이었다. 김재익을 얼마나 중용했는지는 이미 여러 차례 언급했다. 후임 사공일에 대한 신임 또한 각별했다. 임명한 다음 날 그를 따로 불렀다.

"업무를 인계해 줄 전임자가 없으니 내가 대신 해 주지. 당신이나 김재익이나 기본 생각이야 비슷한 것 아니겠나. 김 수석이 모든 것을 알아서 했듯이 당신도 책임지고 알아서 할 것. 물가 안정이 첫째이고, 경제에 너무 충격을 줘서는 안 되며, 과학기술의 향상을 항상 염두에 둬야 할 것. 또한 예산실장을 경제수석의 직할 부하라고 생각하고 나를 대신해서 예산 문제를 직접 챙길 것. 국책연구소의 소장들은 당신과 생각을 같이하는 사람들을 앉히도록 할 것 ―"

자신의 경제관에 대한 설명뿐 아니라, 경제수석으로서 해야 할 일의 업무 범위까지 꼼꼼히 일러 줬다. 국책연구소라 함은 KDI와 KIET를 말함인데, 경제정책을 세우는 양대 싱크탱크의 우두머리 인사권을 아예 경제수석에 일임한 것이다.

수석과 주무장관과의 역할을 구분해서 효과적으로 운영했다는 점에서도 전두환은 박정희를 닮았다. 주요 정책을 구상하거나 집행하는 과정에서 수석의 역할은 두 대통령 시대에 크게 다르지 않았다. 집행의 중심은 어디까지나 주무장관이 중심이 돼서 펼쳐 나가게 하고, 수석비서관은 한마디로 어디까지나 비서임을 분명히 했다. 따라서 수석은 대통령의 의중을 보좌하고 파악해서 내각에 전달하는 것이 주임무였고, 대통령 특명의 예외 사항에 대해서만 직접 관여하는 게 보통이었다. 이를테면 박정희 시대의 비서실장 김정렴은 문제의 부가가치세 도입에 결정적인 역할을 했을 정도로 영향력을 발휘했음에도 불구하고, 청와대 근무 기간 중에 단 한 번도 언론에 등장한 일이 없었다. '비서는 귀만 있고 입은 없음'을 철저히 실천한 것이다. 전두환 시대의 김재익이나 사공일도 다르지 않았다.

> 기자회견 요청을 수도 없이 받았으나 수석 재임 기간 3년 8개월 동안 일체 하지 않았다. 경제수석은 비서인데, 비서가 무슨 언론 인터뷰를 하나. 외국 관련도 마찬가지였다. 1985년 뉴욕 회의에 갔는데, 베이커 미국 재무장관이 미팅을 요구해 왔을 때도 거절했다. 보나마나 원화 절상을 압박할 게 뻔한데, 주무장관도 아닌 내가 왜 나서나? 버티다가 결국 비공식으로 만나기는 했지만, 비서는 나서는 게 아니다.

사공일은 결코 나서지 않으면서도 막후에서 능숙하게 일을 처리했다. 오히려 실질적 영향력은 더 막강했다. 요즘의 청와대 수석들이 걸핏하면 언론과의 인터뷰를 예사로 하는 것과는 사뭇 달랐다.

장관 중심의 행정은 금융실명제 실시를 추진했을 때 강경식의 힘이 얼마나 막강했는지가 좋은 사례다. 청와대 내의 수석비서관회의에서야 경제수석이 감당해야 했지만, 금융실명제 추진을 실제로 행정적으로 집행해 나가고 국회와 언론의 반대를 극복하고 대응하는 것은 오롯이 재무장관의 책무였다.

집권 중반이 지나면서 전두환은 나름대로의 경제관을 확립해 나갔다. 단순히 경제 지식이 쌓인 것만이 아니라, 정책 상호간의 관계까지 파악할 정도가 됐다. 이를테면 성장-물가-국제수지-환율-금리 등 복잡하게 얽혀 있는 경제 목표나 요인이 서로 주고받는 관계 등이 머릿속에 정리되어 갔고, 그런 확신이 인사에 반영됐다. 여기에 덧붙여서 정보기관에서 올라오는 갖가지 정보보고 또한 인사에 적지 않은 영향을 줬다.

본인 자신의 청렴도와는 무관하게 사람을 쓰는 데는 청렴도를 면밀하게 따졌다. 그의 총애를 받았던 비서관 이석채는 이렇게 말했다.

전 대통령이 사람을 평가할 때 따지는 것은 '청렴'이었다. 정보보고를 통해 어떤 사람의 잘못이 드러났을 때도 청렴하다거나 효심이 지극한 사람이면 아주 예외적으로 불문에 부치는 일도 있었다.

실제 주요 인사에서 업무 능력에 우선해서 청렴도를 우선적으로 따졌다. "저 사람은 절대 돈 안 먹는 사람이야"라고 딱 머릿속에 박힌 인물을 좋게 보고 중용했다. 자신은 그런 일에 능숙하면서도 말이다. 부총리에 두 번씩이나 기용한 신병현, 김재익 경제수석, 박봉환 동자부장관, 안무혁 국세청장, 김주호 농림수산부장관, 김만기 조달청장, 정인용 부총리 등이 그런 케이스들이다. 모두가 돈과는 거리가 멀었던 사람들이다.

전두환이 경제를 우선으로 해서 인재를 등용했다는 점은 재론의 여지가 없다. 그것을 입증하는 데 흔히 거론되는 케이스로서 군부 핵심이었던 허화평·허삼수 양 허씨가 실명제 주역 김재익을 궁지에 몰아넣던 끝에 오히려 그들이 청와대를 떠나야 했던 사례가 거론된다. 하지만 당시 허화평·허삼수를 청와대에서 거세한 것을 두고 지나치게 김재익과 연관해서 전두환의 경제 우선주의로 해석하는 것은 전두환의 용인술을 너무 단순 해석하는 것이다. 허씨들의 거세는 군부 자체 내의 정치적 권력 판도와도 무관하지 않기 때문이다.

집권 이후 허화평 등은 대통령의 친인척 문제에 대해 매우 비판적이었고, 그 점에 관련해 전두환은 매우 못마땅해 왔던 참이었다. 이철희·장영자 사건이 터졌을 때도 전두환은 처갓집 관련 사항이라서 대충 덮고 넘어가려고 했으나 허화평이 정면으로 반발해서 어쩔 수 없이 처삼촌 이규광을 구속했던 것이다. 금융실명제 추진이 이철희·장영자 사건의 연장이었듯이, 권력구조 차원에서 전두환과 차세대 군부의 맏형격인 허화평과의 갈등은 실명제 시비 그 이전부터 배태되어 있었다고 볼 수 있다.

아무튼 인사는 결과가 말해 준다. 특정인에게 오랫동안 이 일 저 일을 믿고 맡겼는데 결과가 나쁘면 칭찬은커녕 비난이 쏟아졌을 것이다. 정실 인사니 회전문 인사니 하면서 말이다. 반면에 결과가 좋으면 "정책의 일관성을 유지한 인사", "위임을 잘하는 리더십" 등의 평판이 나오는 것이다.

전두환의 경제 분야 용인술을 평가함에 있어서 놓쳐서는 안될 중요한 전제가 있다. 누구를 어느 자리에 쓰든 간에 정치적 영향력이나 압박에서 자유로울 수 있도록 대통령 자신이 방어막 역할을 해 줬다는 사실이다. 예산실장이 예산 동결을 추진할 때는 그를 군의 압박으로부터 보호해 줬으며, 국회가 아무리 경기 부양책을 요구해도 경제 관료들이 안정화 정책을 소신껏 추진할 수 있도록 병풍 역할을 해 준 것이다. 비록 중도하차했지만 실명제 파동에서 김재익을 허씨들로부터 보호해 준 것도 마찬가지 케이스다. 아무리 유능한 경제 전문가를 기용한다고 해도 최고통치자가 정치 논리에 휘둘리면 아무 소용없다는 점을 전두환은 잘 알고 실천해 나간 것이다. 집권 기간에 경제를 성공적으로 끌어갔던 김재익이나 사공일 두 경제수석의 경우도 그들이 얼마나 유능했는가도 중요하지만, 그들이 얼마나 소신껏 능력을 발휘하도록 대통령의 리더십을 발휘했느냐에 주목할 필요가 있을 것이다.

관치금융을 압도한 '정치금융'

전두환 경제가 모두 성공했냐 하면 천만의 말씀이다. 물가 안정이나 통신혁명처럼 누가 봐도 부인할 수 없는 성공 사례도 적지 않았으나 실패와 좌절도 잔뜩 널려 있었다.

금융 개혁은 실정을 감안하지 않고 정책목표만 거창하게 내걸고 무리하게 밀어붙였던 대표적인 케이스다. 군부가 금융을 제대로 알았을 리 만무했다. 경제 분야 중에서 가장 복합적이고 어려운 분야가 금융 분야인데, 제아무리 막강한 권력을 잡았기로서니 애당초 현실적 한계가 분명한 일이었다.

그림은 멋있게 그렸다. 신군부는 자유시장경제를 기반으로 대외 개방 정책을 추구해 나간다는 것이다. 그러기 위해 관치금융 시대를 청산하고 금융 자율화를 추진해 나가자는 것이었다.

다시 국보위 시절로 거슬러 올라간다. 군부가 내건 금융산업 개혁의 기치는 거창했다. 두 가지 이유에서다. 1970년대의 지나친 관치금융에 대한 반성론이 경제기획원을 중심으로 제기되었고, 둘째로는 정치적으로도 신군부 스스로가 깨끗한 정치를 강조하고 나섰으니 말이다. 이런 분위기는 국보위에서 시작해서 정권 출범 이후에도 승계되었다. 김재익-강경식으로 이어지는 개혁파는 금융 자율화에 대한 기본 철학이 확실한 사람들이었다.

특히 김재익은 매우 개혁적이었다. 앞서도 언급했듯이 한국은행의 독립을 아예 헌법에다 못 박아 버리자는 주장까지 했을 정도다. 국가경제의 돈줄을 관리하는 중앙은행은 행정부로부터뿐만 아니라 정치권력으로부터도 보호되어야 한다는 것이 그의 평소 소신이었다. 물론 이 같은 극단론은 관철되지 못했으나 김재익은 전두환을 가르치면서 금융 자율화의 필요성을 귀가 따가울 정도로 역설했고, 일부 관철시키기도 했다. 시중은행의 민영화라든지, 금융기관에 대한 정부 규제 철폐를 앞당긴 것 등이 그 예다. 잘못된 관행을 뿌리 뽑겠다는 명분을 내세워 재무부를 관치금융의 본산으로 낙인찍어서, 기획원의 자유주의자들이 재무부 요직을 모조리 접수하는 파격적인 인사도 불사하지 않았던가.

그러나 충격만 주었을 뿐 금융 현실의 개선에는 별 진전이 없었다. 시간이 갈수록 개혁 의지가 무색해지고, 자율화는커녕 정부의 간섭이 오히려 심해져 갔다. 전두환이 추구했던 안정화를 비롯한 경제정책만 봐도 강력한 정부 주도였던 만큼, 금융시장에 대한 정부 개입 또한 그럴 수밖에 없었다. 더구나 금융기관들이 박정희 시대로부터 물려받은 무더기 부실을 그냥 떠안고 있는 판에 무슨 자율화가 가능하겠는가. 당시 한국은행 총재 하영기는 정부의 이러한 몰아붙이기식 금융 자율화 정책에 정면으로 반대했다.

"왜 금융 자율화에 반대하겠는가? 그러나 우리 경제의 현실을 감안해서 차근차근 해야지, 자율화가 좋다고 무턱대고 밀어붙일 순 없다."

그는 정부가 결정한 단자회사 설립 자유화 정책을 예로 들면서 자율화 정책의 문제점을 비판했다. 자유화를 선언하고 잔뜩 신규 설립을 허가해 주어 놓고, 다시 너무 많다고 중단해 버리면 정부가 허가받은 사람에게만 이권을 주는 셈이라는 지적이다. 그러니 애당초 신중하게 추진했어야 한다는 것이다.

"신규 진입을 개방해서 금융기관도 경쟁시켜야 한다는 주장에는 이의가 없다. 그렇게 하려면 경쟁에 뒤지는 은행을 도산시킬 수도 있어야 한다. 부실은행은 도산시키지 못하는 상태에서 신규 진입만 개방하면 어떻게 하자는 것인가?"

뒷감당도 못할 자유화 정책을 왜 떠벌이느냐는 것이다. 눈엣가시 같은 소리를 계속하다가 하영기는 얼마 안 가서 한은 총재 자리에서 물러났다.

금융 개혁 반대론자의 논리는 "현실적 제약을 감안해서 신중하게 추진해야지, 무리하게 밀어붙이면 부작용이 더 크다"는 것인 반면에, 개혁론자들은 "신중하게, 점진적으로 하자는 말은 하지 말자는 것이나 다름없으니, 부작용을 감수해서라도 밀어붙여야 한다"는 것이었다. 집권 초기의 판세는 개혁파 우세였고, 이들의 현실적인 타깃은 관치금융이었다. "관치금융은 나쁜 것, 금융 자유화는 좋은 것"이라는 선입견이 대통령이 금융 개혁을 이해하는 데 안성맞춤의 이분법이었다. 따라서 관치금융을 폐기하는 제도적 장치 마련이 곧 금융 자율화의 선결 요건이었다.

그러나 결과는 뜻대로 되지 않았다. 김재익·강경식 등 개혁 라인이 추진한 금융 개혁이 타깃 설정부터 잘못되어 있었기 때문이다. 이들은 금융산업의 본질적 후진성이 상당 부분 경제가 아니라 정치에서 비롯되어 왔다는 점을 소홀히 여겼다. 정부의 관치금융보다 더 심각한 해악을 끼쳐 온 것이 '정치금융'이었다는 점을 간과한 것이다. 정치금융이 더 심해지고 있는 상황에서 개혁이란 이름으로 관치금융을 주 공격 대상으로 삼은 것이 당시 금융 개혁파들의 치명적 착오였다.

현실이 어떠했길래? 개혁파들이 열심히 금융 개혁에 공을 들이고 있을 때 막상 금융계는 새로운 집권 세력과 줄을 잡기에 너나 할 것 없이 혈안이 되어 있었다. 숙정 바람이 휘몰고 간 이후 은행장의 생사여탈권이 정부에서 신군부로 넘어갔고, 금융 질서는 시장이 아니라 새 권부를 중심으로 한 정치권의 영향력에 의해 재편되고 있었다. 평상시에는 정치금융과 관치금융이 한통속이기 때문에 구별하기가 애매하지만 당시와 같은 정치 변혁기에는 훨씬 선명하게 구별되기 마련이다. 관치금융은 움츠러들고 정치금융이 활개를 쳤다. 그럼에도 불구하고 개혁파들은 이 점을 무시하고 애꿎은 관치금융에다 개혁의 초점을 맞추고 갑론을박을 거듭했으니 무슨 성과를 거둘 수 있었겠는가.

낚싯대의 찌가 흔들리듯, 세상이 바뀌면 금융계 동태부터 확연히 달라지게 마련이다. 이를테면 대통령의 친인척을 시작으로 군부 실력자의 입김이 어디로 향하는가에 따라 재빨리 금융계 판도는 바뀐다. 어느 나라 어느 시대든 간에 뱅커들은 힘의 소재 파악에 능하고 이를 이용하는 능력이 뛰어난 법이다. 임원급은 물론이고 일선 지점장급만 되어도 최소한 끗발 있는 대령급 줄은 있어야 본점에 체면을 세울 수 있는 것이 현실이었다. 인사철만 되면 군부의 줄을 잡느라고 야단들이었다. 번듯한 지역의 지점장 자리에 가고 싶다거나 임원 승진의 대열에 끼어들려면 어쩔 수 없었다. 더구나 은행원의 생명줄인 예금 경쟁에서 버텨 내려면 청와대 측근이나 군부의 줄은 필수였다.

갖가지 이권에 대통령의 친인척들이 지저분하게 관련되기 시작했고, 이들의 한마디면 대출에서 예금에 이르기까지 안 되는 것이 없었다. 특히 거액의 예금을 좌지우지하는 공공기관이나 단체의 경우 대부분 군 출신들이 장악하고 있었으므로 어느 은행이든지 이들에게 잘못 보였다가는 국물도 없었다.

박정희 시대에는 군인들이 금융계에 깊이 간여하는 것을 삼가는 분위기였다. 그에 비해 전두환 시대 들어서는 군의 영향력이 훨씬 노골화되어 갔고, 금융계 역시 보신의 수단으로 이들과의 유착관계를 더욱 긴밀하게 다져 나갔다. 이철희·장영자 어음 사기 사건을 비롯해 영동진흥개발 사건 등 대형 금융사고들이 잇따라 터진 것도 이런 풍토 속에서였다.

더구나 실물경제 쪽에서 기업 부실이 거듭되고 여기에 돈을 빌려 준 금융기관들이 계속 물려 들어가는 상황에서는 정부 개입은 불가피했다. 기본적으로 기업의 도산이 자유롭지 못한 상황에서 자율화 조치는 무의미했다. 그러니 관치금융은 관치금융대로 계속되는 상황에서 정치금융의 폐해만 더 쌓여 간 것이다.

금융산업의 변화는 오히려 전두환 집권 중반에 들어오면서 실질적으로 일어나기 시작한다. 친인척 비리나 정경유착 차원이 아니라, 은행이 떠안은 기업 부실이 한계를 지나 폭발 직전에 이르렀기 때문이다. 하는 수 없이 정부는 손을 걷어붙이고 체계적인 전략을 짜서 자생력을 잃어버린 은행 구하기 작전에 나설 수밖에 없었다. 부실기업 정리가 아니라 부실은행의 구조조정 작업이었다. 이것이야말로 전두환 시대가 내세울 만한 성과였다. 금융산업의 재생 정책이었다.

그동안 묻혔던 사실 하나는 은행감독원장 이원조의 역할이다. 그는 제일은행 상무 출신으로 신군부와 가까워, 전두환 시대 들어 '금융가의 황제'라는 별명이 붙었을 정도로 막강한 영향력을 발휘했다. 그러나 세간의 악명과는 달리 은행의 부실기업 정리 과정에서는 정치권의 압력을 차단해 주는 방패막이 역할을 했다.

그런 뜻에서 보면 실질적으로 금융산업이 생기를 찾고 시장 기능이 살아나게 된 것은 금융기관들이 부실기업 부담을 덜게 되는 집권 중후반기에 들면서부터였다고 할 수 있다. 부실채권에 치여서 은행의 생명줄이 위협받는 상황에서는 아무리 중앙은행을 독립시키고 시중은행을 민영화해 봐야 부질없는 일이었다. 그런 차원에서 보면 김재익·강경식 라인이 부르짖었던 금융 자율화가 명분에 치우친 이상론이었던 반면, 사공일·김만제 라인이 실천해 나간 부실 처리를 전제로 한 점진적 자율화가 더 현실적인 선택이었던 셈이다.

그나마 해묵은 「금융기관에 대한 임시조치법」의 폐지와 함께 시중은행들의 정부 보유 주식을 매각함으로써 민영화라는 명목상의 자율화 목표는 달성해 보였고, 금리 문제 등 실질적인 금융 자율화는 다음 정권에 가서야 본격화되어 갔다.

부실을 쌓아 온 신군부

부실기업 문제는 전두환 경제를 논함에 있어서 또 하나의 중요한 부분이다.

한국경제가 발전해 온 자취를 돌이켜 보면 어느 시대나 기업 부실로 고민하지 않은 때가 없었다고 해도 과언이 아니다. 없는 돈에 공장을 짓고 산업을 일으키는 과정에서 무리와 실패가 누적되면 정기적으로 이를 털어 내는 부실 청소 조치가 취해지곤 했었다.

기업이 망하면 은행이 망하고 은행이 망하면 나라경제가 주저 앉으니, 정부가 강제력을 동원해서라도 문제 해결에 직접 나설 수밖에 없는 일이다. 가장 극단적인 케이스는 박정희 시절 1972년 8·3 조치라는 것이었다. 기업들이 너나 할 것 없이 월 4% 이상의 고금리 빚더미에 올라앉아 무더기 도산 지경에 이르렀다. 그것도 외자로 달러를 끌어다 써서 걸머진 빚더미였다. 박정희는 고심 끝에 일정 기간 동안 빚을 동결하고 금리도 까 주는 긴급조치를 취한다. 돈을 빌려 준 채권자 입장에서 보면 헌법이 보장하는 사유 재산권에 대한 정면 침해였다. 하지만 그 비상조치 덕분에 마비에 빠져들었던 경제가 위기를 넘기고 되살아날 수 있었다.

그래도 8·3 조치는 한국의 대통령이 내린 자주적 결단으로 취해진 것이었다. 반면에 훗날 김영삼 시대 말기에 겪은 구조조정, 소위 IMF 사태는 굴욕적이었다. 국내 기업들과 은행이 안고 있는 부실을 도저히 감당할 수 없는 지경에 이르자, 급기야는 국제 금융기구인 IMF가 들어와서 그들의 구제금융으로 망해 가던 한국경제를 살려 낸 것이다. 외국 자본에 의한 '경제 신탁통치'는 한국의 해묵은 과제였던 금융산업 구조조정을 가차 없이 단행케 했다. 특혜 시비고 뭐고가 없었다.

전두환 시대의 부실 처리는 어떠했을까? 나름대로 독특한 방법이 동원됐다.

먼저 기업 부실 실태부터 살펴봐야 한다. 당시 한국 실정을 감안할 때 정치 혼란기에 금융기관들이 원칙대로 정상적으로 업무를 처리할 것을 기대하는 것 자체가 무리다. 더구나 박정희 정권의 중화학공업 투자 부작용이 엉거주춤한 상태로 봉합된 채 정권이 교체됐으므로 관련 금융기관이 그 부담을 고스란히 떠안고 갈 수밖에 없었다. 따라서 기업 부실이 추가로 생길 때마다 사안별로 정부와 상의해서 부도 처리 또는 구제금융 여부를 결정해 나갔다. 합판 회사 동명목재 부도처럼 거래은행의 의견에 상관없이 본때 보이기 차원으로 결정하는 일도 있었다. 때로는 어음 사기나 스캔들에 휘말려서 유명 기업이 쓰러지기도 했다. 일신제강, 공영토건, 명성그룹 도산 등이 그런 예다.

이때까지만 해도 부실기업 정리는 개별 사안별로 처리했다. 명성그룹이 공중분해되기도 했으나 그것은 정치적 괘씸죄로 빚어진 해프닝이었지, 기업 경영 자체가 부실했던 탓은 아니었다. 정작 심각한 것은 무더기로 곪아 들어가는 해외 건설 업체의 부실이었다. 중동을 중심으로 한 해외 건설의 집단 부실은 어제 오늘 일이 아니었다. 집권 초기에 해당하는 1982~83년 사이에 중동 경기의 급속한 퇴조가 시작됐고, 한국의 건설 업체들이 여기저기서 심각한 타격을 입고 대형 부도 위기에 몰렸다. 어쩔 수 없이 부도 처리한 신승기업에 대한 은행의 지급보증 규모가 1천억 원을 넘었다. 주거래은행이었던 제일은행(지금 스탠다드차터드 은행의 전신)은 당시 자본금이 500억 원에 불과했는데, 일개 건설회사에 물린 돈이 그 배가 되었던 것이다. 은행이 부도 위기에 몰렸고 결국 한국은행의 특별융자로 은행은 살렸다.

그럼에도 불구하고 누구 하나 문제 제기를 하는 사람이 없었다. 계엄령이 해제된 지 한참 지났건만 언론은 여전히 통제당했다. 신승기업 부실이나 제일은행 자금 사정에 관한 이야기를 꺼내면 '사회 혼란을 야기하는 불순분자'로 몰렸다. 해외 건설 주무부처인 건설부에서는 해외 건설사업 실태에 관련된 자료는 엄중한 비밀로 다뤄졌다.

해외 건설이 죽을 쑤는 판에 공교롭게도 1983년 언저리에 부동산 투기 바람을 타고 국내 건설 경기가 살아나면서 해외 건설 문제는 한동안 더 감춰질 수 있었다. 이것이 화를 키웠다. 수술의 시기를 더 늦춰 버린 것이다. 진작 손을 쓰지 않은 바람에 호미로 막을 것을 가래로도 막지 못하는 사태로까지 일이 커졌다.

물론 해외 건설 업체들의 부실 원인을 따지자면 박정희 시대로까지 거슬러 올라간다. 기업들의 무모한 경쟁에 일차적 책임이 있겠으나 「해외건설 촉진법」을 만들어 기업이 공사 수주만 하면 무조건 은행이 지급보증을 해 주도록 했으니 정부가 제도적으로 부실을 조장한 것이나 다름없었다. 여기에다 전두환 정부가 들어서면서 한 술 더 떴다. 부실에 대해 서둘러 손을 써도 부족할 판에 권력층 실세들이 일부 특정 건설 업체들을 상대로 적극적 지원까지 벌였던 것이다. 박정희 때는 법적 근거라도 있었지만 전두환 시대의 신군부는 자기네들 임의로 찍어서 밀어 줬다. 정부의 관급공사를 통해 몇몇 신흥 건설 업체들에 집중적으로 특혜를 준 것이다. 정권이 바뀌고 급신장세를 보였던 한양주택을 비롯해 라이프주택, 정우개발, 공영토건들이 바로 그런 예들이다. 이들은 하나같이 무리한 경영으로 부실의 길을 걸었고, 가뜩이나 꼬여 가는 은행의 부실 정리를 더욱 어렵게 만들었다.

그러던 것이 1984년에 들어오면서 본격적으로 문제가 불거지기 시작했다. 물가 안정에서 기대 이상의 성과를 자랑하는 판에 정작 은행들은 부실기업 처리 문제로 심각한 상태로 돌입한 것이다. 그해 7월 버티다 못한 경남기업 부실이 한계에 다다르자 주거래은행인 외환은행이 흔들거렸고, 결국 정부가 나서서 대우로 하여금 인수케 했다. 대우한테 부실기업을 떠안기는 대신 은행은 대가로 뭉칫돈의 대출을 해 주는 방식이었다. 1985년 들어 무너진 국제그룹은 재무부가 직접 나서서 한일합섬그룹에 인수시키면서 봉합해 나갔다. 요즈음 같으면 생각도 못 할 일이다. 수많은 관련자들이 업무상배임죄로 쇠고랑을 차고도 남을 일이었다.

그러나 금융기관 전체의 붕괴까지 위협하기에 이른 부실기업 문제는 물가 안정에 성공하고 있는 전두환 경제로서는 더 이상 방치할 수 없는 시한폭탄이었다. 은행을 살리기 위해서라도 기업 부실을 해결해야 했다.

'한국식' 부실 정리

사공일과 김만제는 오랜 동안 특별한 관계였다. 같은 KDI 출신일뿐더러 전두환 정권 들어와서는 후반기 경제를 끌어가는 쌍두마차 역할을 해낸다.

두 사람의 콤비 플레이는 전두환 경제 전반부의 김재익·강경식 두 사람과 좋은 대비를 이룬다. 대통령의 신임이 두터웠고, 시장경제와 개방경제를 추구했다는 점에서는 네 사람이 다를 바 없었다. 그러나 현실 인식이나 정책을 구사하는 방법론에서 두 팀은 많은 차이를 보였다. 김재익·강경식은 다분히 개혁적이고 이상주의적 성향이었던 반면에 사공일·김만제는 현실에 근거한 점진적 개혁주의자라고 할 수 있다. 결과적으로 전반과 후반을 나눠 맡은 팀 컬러가 상황에 맞아떨어지는 안성맞춤이었던 셈이다. 김재익·강경식이 개혁의 기치를 내걸고 일을 벌여 나가는 데 치중했다고 한다면 사공일·김만제는 현실적 제약을 감안한 뒷수습과

조화를 도모하는 역할을 감당해 나가야 했기 때문이다.

이 같은 인적 교체는 1983년 10월 터진 아웅산 사건을 계기로 마치 계획이나 했던 것처럼 자연스럽게 이뤄졌다. 정책 면에서도 안정화 기조가 눈에 띄게 정착되어 가고 있었고, 집권 초기부터 밀어붙여 온 개혁의 피로감과 부작용이 누적된 시점이었다. 전두환도 여러모로 변화 필요성을 느끼고 있었다. 이 같은 대통령의 심경 변화와 사공일·김만제 팀의 등장이 용케도 맞아떨어졌다.

경제수석 사공일은 재무장관 김만제와의 원활한 소통을 바탕으로 당면 과제들을 하나하나 풀어 나갔다. 안정과 개방이라는 전임자의 기본 정책 틀을 그대로 유지하되 정책의 집행이나 인사 면에서는 한층 치밀하고 유연했다. 사공일은 대인관계와 소통을 중시하면서 전임자 못지않게 대통령의 신임을 얻었으며, 경제 부처 주요 인사 등에서는 김재익보다 더 큰 영향력을 발휘했다.

사공일·김만제 콤비 플레이는 당면한 부실기업 문제를 처리하면서 두드러졌다. 기본적으로 기업 부실 문제의 해결이 발등의 불일뿐더러, 금융산업을 구조조정하기 위해서도 무엇보다 은행이 안고 있는 부실채권을 먼저 정리해야 한다는 점에 같은 생각이었다. 구조조정의 칼자루는 재무장관이 쥐고 대통령 설득은 경제수석의 몫이었다. 사공일은 대통령의 결심을 끌어내는 일에서부터 부처 간의 이해 조정에 나섰고, 김만제는 특유의 추진력을 발휘해서 부도 위기에 빠진 기업들을 속도감 있게 정리해 나갔다. 사전 정지작업이 중요했다. 특히 경제수석 사공일은 대통령이 워낙 김재익 의존 현상이 심했던 터라 여하히 새로운 경제 상황에 맞도록 대통령 생각을 리셋하느냐가 고민이었다.

사실 사공일은 전임자와 매우 친한 사이였지만 구체적 정책 선택에서는 생각을 달리하는 경우가 적지 않았다. 금리정책이 대표적인 경우다. 1982년 금리를 단번에 4%포인트 내릴 때 사공일은 파격적 조치에 정면으로 반대했을 뿐 아니라 그 이후에도 저금리 체제는 금융시장 실세에 맞게 고쳐야 한다고 주장해 왔던 터였다. 그렇다고 해서 경제수석이 되고 나서 대통령한테 당장 금리를 올리자고 할 순 없었다.

사공일은 당시를 이렇게 회고했다.

금리 인하를 통해 기업의 금융 부담을 줄여 주었고, 또한 이것이 물가 안정 기반을 다지는 데 기여한 것 등은 마땅히 평가받아야 한다. 그러나 부작용 또한 무시할 수 없지 않나. 예컨대 완매채와 같은 신종 사채 문제 등의 문제들이 시간이 갈수록 부작용이 쌓여 갔기 때문에 대응책이 절실했다. 누적된 부실을 털어 내야 금융 자율화도 실질적으로 엄두를 낼 수 있는 것 아니겠나.

재무장관 김만제의 생각도 같았다. 경제를 살려 나가는 데는 부실을 털어 내는 구조조정이 선결 요건이고, 그러려면 시장과 동떨어진 저금리부터 손대야 하는데, 문제는 대통령을 여하히 설득시키는가가 고민이었다. 대통령이 쥐고 있는 방향타를 돌리는 작업은 전적으로 경제수석의 몫이었다. 다시 사공일 이야기의 계속이다.

> 솔직히 말해서 대통령에게 금리를 올리자는 이야기를 꺼낼 수 없었다. 그래서 김만제 장관과 의논 끝에 우회 작전을 쓰기로 했다. 금리 인상이라는 표현은 빼고, 금리를 자유화하는 측면에서 제도적인 개선을 하자고 보고했다. 다행히 곧바로 대통령의 허락을 받아 냈다.

이렇게 해서 1984년 1월부터 0.5%포인트 범위로 기준금리 제도가 도입된다. 말이 기준금리 제도의 도입이지, 사실은 금리 인상 조치였던 셈이다.

청와대 안에서 경제수석의 리셋 작업이 진행되는 것을 토대로 밖에서는 재무장관 김만제가 부실기업 대수술 준비에 착수해 나갔다. 김만제식 부실기업 정리 방식은 '제3자 인수 방식'이다. 부실을 정리하되 경제에는 충격을 덜 주기 위해서, 도산시키는 게 아니라 다른 기업이 인수토록 하는 것이다. 평소에 그가 말해 온 경쟁시장 원리와는 거리가 멀었다. 그러나 시장 자체가 몽땅 무너져 내리는 상황을 막기 위해서는 정부의 직접 개입이 불가피하다는 게 사공일·김만제 라인의 판단이었다. 부실이 또 다른 부실을 부르는 악순환을 끊어 내지 못하면 기업들의 연쇄도산이 불가피하고, 기업들이 모두 망하면 시장 자체가 망하는 상황이라는 것이었다. 급격한 수주 감소로 해외 건설 업체들이 무더기로 도산 위기에 처해 있는 것을 비롯해 해운산업도 마찬가지였고, 섬유·신발·조선회사들에 이르기까지 장기불황에 허덕이던 것이 실상이었다.

당시에는 증권시장의 공시 제도가 있으나마나 했기에 일반 사람들은 그 실태를 잘 알지 못했다. 그나마 은행이나 기업들의 부실에 관한 보도는 정부 당국에 의해 엄격히 통제당했다. 부실 문제는 마치 군사기밀처럼 보안의 대상이었다. 밖에서는 모르게 진행되었으나 재무부 이재국은 불이 났다. 이재국장 임창열을 중심으로 정리 대상을 선정하고 이들을 인수할 기업들을 결정해 가는 과정은 아무리 권위주의 시대였다고 해도 순조로울 수가 없었다. 더구나 부실금융이 각 은행의 생존마저 위협하면서 난마처럼 얽혀 있었으니 이들의 이해관계를 교통정리하는 일은 지난한 과제였다.

김만제는 정부를 물러난 뒤 이렇게 회고했다.

별의별 아이디어가 다 나왔다. 일부 국내 학자와 세계은행 쪽에서는 스페인과 이탈리아에서 시행했던 것처럼 부실 전담 은행을 만들어 다른 은행들이라도 살리자는 방안도 유력하게 검토했다. 결국 우리 경제 현실을 감안할 때 부작용이 많을 것 같아서 한국 특유의 부실 처리 공식을 만들기로 한 것이다. 첫째, 부실기업의 부채 상환은 일단 유예시켜서 제3의 기업이 인수토록 정부가 정해 주고, 둘째, 그 과정에서 생기는 은행의 손실은 한국은행이 연 3%의 저리 특별 융자를 실시해서 지원해 주며, 셋째, 인수 기업의 세금 부담을 덜어 주기 위한 방책으로 「조세감면규제법」을 고친다는 것 등이 골자였다.

결과적으로는 원만하게 넘어갔으나 당시의 부실기업 처리는 박정희 시대의 사채 동결 조치에 버금가는 비상정책이었다. 한국은행 특융의 부활과 「조세감면규제법」(조감법) 개정을 통한 세금 감면은 1972년 8·3 조치에 이은 또 하나의 극약처방이었던 것이다. 특혜 시비 소지를 논하자면 사채 동결보다 더 심한 조치였다. 사채 동결은 정해진 원칙에 따라 무차별적으로 취해진 조치였던 반면에 전두환 시대의 부실 처리는 정부가 개별 기업들을 임의로 선별해서 생사여탈을 결정했으니 말이다. 다만, 박정희 시대에 비해 진일보한 점은 대통령의 긴급조치 대신 국회를 거치는 관련법 개정 절차를 거쳤다는 것이다.

막상 정부가 법 개정에 나서자 국회의 반대에 부딪혔다. 도와 줘야 할 여당이 반대했고, 믿었던 대통령도 거기에 동조했다. 부실기업한테 세금을 깎아 주는 개정 법안을 통과시키면 특혜 시비가 걸리지 않겠느냐는 정치적 판단이 전두환의 마음을 움직였던 것이다. 더구나 선거가 코앞에 다가와 있었다.

부실은행에 대한 한국은행의 특융 또한 문제였다. 「조세감면규제법」이 기업들에게 세금 감면의 특혜를 주는 것인 반면, 한은 특융은 돈을 찍어서 은행 적자를 메워 주는 것이나 다름없었다. 이에 대한 김만제의 회고다.

> 한은 특융을 부활시키는 것은 엄격히 따지자면 법적으로도 무리가 있었다. 하지만 달리 방법이 없으니 어쩌겠나. 솔직히 말해서 한은 특융을 실시하면서도 어느 세월에 부실은행들을 정상화시킬 수 있을지 아득했다. 다행히도 3저 호황이 닥치면서 은행의 수지가 급속히 호전되는 바람에 기대보다 훨씬 빨리 부실의 흠집이 엷어지게 된 것이다.

우여곡절 끝에 사공일·김만제 팀은 정치적 난관을 극복하고 관련법 개정과 한은 특융을 실시한다. 세제와 금융 차원에서 이렇게 기본 틀을 갖춘 다음, 이듬해인 1985년부터 '88년 2월에 이르기까지 다섯 차례에 걸쳐 부실기업 정리 작업을 해 나갔다.

1986년에 정리된 부실기업만 해도 56개 기업이었다.

　돌이켜 보면 3자 인수 방식을 통해 부실 처리를 마무리하는 일
에는 성공했으나 전두환 경제의 초기 정책 기조를 스스로 뒤집은
것이기도 했다.

　집권 초기에는 중화학공업에 대한 과잉투자 문제로 정부 주
도 산업정책에 대한 반성론이 대세였다. 특혜 말썽의 근원지였
던 「조세감면규제법」을 아예 없애 버리자는 주장이 공공연히 제
기되었다. 역시 김재익과 강경식이 앞장섰다. 기업 부실의 배경에
는 언제나 정부의 개입이나 특혜적 요소가 개입되어 있었기에 정
부의 산업정책 자체를 뿌리째 뜯어고치자는 주장이 1980년 언저
리부터 경제기획원을 중심으로 제기되어 왔던 터였다. 정부는 산
업정책을 주도할 게 아니라 지원해야 한다는 것이다. 그래서 나
온 대안이 「조세감면규제법」을 폐지하고 '산업지원법' 같은 것으
로 대체하자는 것이었고, 대통령 전두환도 고개를 끄덕였다. 이
때도 부처 간의 한판 싸움이 있었다. 청와대와 경제기획원이 한편
이었고, 재무부와 상공부가 "조감법 폐지는 경제 현실을 전혀 모
르는 소리"라며 강력히 반발했다. 논란 끝에 조감법 폐지는 백지
화되었으나 민간 주도 시장에 정부 개입을 줄여야 한다는 논리에
합의하는 선에서 절충하게 된다. 그러나 집권 수삼 년이 지나면서
정부 지배나 역할을 축소하기는커녕 정반대의 정책으로 돌아갈

수밖에 없었으니.

　원래 조감법 폐지 주장은 특혜 소지가 있는 조감법 자체를 없애 버리자는 것이었으나, 거꾸로 세금을 더 깎아 주는 쪽으로 법을 개정했던 것이다. 그것도 날치기 국회 통과를 감행하면서. 아무튼 우여곡절 끝에 국회가 「조세감면규제법」을 고치고 한국은행 특융의 부활이 결정됨에 따라 오만 가지 말썽과 시비가 일어날 한국식 부실기업 정리 작업에 필요한 제도적 장치는 마련된 셈이었다. 앞서 경남기업과 국제그룹의 부실 처리는 이 같은 법적 뒷받침도 없이 치러졌다. 다행히도 대통령 전두환이 정치적 반대와 부처 간 갈등에 대해 적극적으로 바람막이를 해 줬기에 가능했던 일이다.

국제그룹 도산, 정치적 타살이었나

IMF 사태로 재벌이 우수수 무너졌으나 그 이전에는 상상할 수 없던 일이었다. 소위 대마불사가 단숨에 무너져 내렸었다.

그런데 전두환 정권 아래서 이미 첫 번째 대마 횡사 사건이 있었다. 1985년 초의 일이다. 재계 순위 8위였던 국제그룹이 하루아침에 공중분해된 것이다. 그것도 정부의 손에 의해서 말이다.

3자 인수 방식이 전두환 정부의 부실기업 처리 공식이었음을 앞서 언급했으나, 이것의 치명적 약점은 부실 처리가 결정되는 과정이 공개적일 수 없다는 점이다. 국제그룹의 도산이 계속 시빗거리가 된 것도 그것의 결정 과정이 일방적 밀실 결정이었기 때문이다. 정치적 통제 아래 고위층의 입김이 작용했다는 의혹까지 얹어지면 더욱 그렇다. 다시 말해서 부실기업 정리 자체의 당위성이 충분히 인정된다 해도, 경제 논리를 떠나서 정치적 이유나 특정 개인의 이해와 관련해서 기업을 살리고 죽인다면 당초의 불가피성은 설득력을 잃을 수밖에 없다. '타살론' 같은 음모적 시각이 득세하기에 딱 좋은 상황이 되는 것이다.

헌법재판소는 1993년 7월, 정부가 국제그룹을 해체한 조치에 대해 위헌 결정을 내렸다. 아마 국제만이 아니라 이 시대에 정부 조치로 도산한 다른 기업들도 헌재에 소원을 제기했다면 실익 여부를 떠나서 법률적으로는 승소하는 경우가 적지 않았을 것이다. 하지만 지금의 잣대로 36년 전의 일을 재단할 순 없는 일이다.

당시의 현실로 돌아가 보자.

그때는 야당에서도 부실기업 처리 과정의 비공개 문제를 적극적으로 시비하지 않았다. 부실 처리의 절박성을 현실적으로 양해하는 분위기였다. 국제그룹의 도산 과정을 다시 살펴보는 것은 전두환 정권의 기업에 대한 생각이나 태도가 어떠했는지를 보여주는 종합 세트라는 점에서 각별한 의미를 지닌다.

첫 번째 의문이 정치적 타살(他殺)이었는가 하는 점이다. 당시 실무를 담당했던 재무부 사무관의 이야기부터 인용한다.

> 국제그룹이 정치적으로 어떻게 되었는지 나는 모른다. 실무자는 숫자로 판단한다. 정치 관련 여부와 상관없이 국제의 경영 상태는 도저히 소생 불가능했다. 국제 측의 항변은 왜 은행이 구제금융을 해 주지 않았느냐는 것인데, 밑 빠진 독에 물 붓기 식의 구제금융을 어떻게 무한정 계속할 수 있겠

나? 그 책임은 누가 질 것인가?

　기본적으로 매우 어려운 경영 상태였음은 국제그룹 측도 부인하지 않았다. 특히 자금난이 심했고, 다른 기업에 비해 부채 비율도 높았다. 특히 단자회사에서 빌려 쓰고 있는 급전의 비중이 지나치게 컸다. 부채 비율이 964%, 단자회사 빚은 5,500억 원에 달했다. 특히 변형된 신종 사채였던 완매채라는 것으로 조달한 부채가 800억 원에 이르렀는데, 그런 자금 사정 속에서 신사옥을 지어 올렸다. 재무부가 편법 사채를 단속하면서 국제의 자금난은 빠르게 악화되어 갔다. 물론 국제그룹의 계열기업들이 대부분 심각한 불황에 허덕이고 있었다는 점이 문제의 바닥에 깔려 있는 상황이었다. 어느 모로 봐도 국제의 경영 상태는 위기 상태였다. 시중 자금시장에서도 국제 부도 소문이 빠른 속도로 확산되었다. 실무자의 증언대로 재무제표로 판단하면 국제 도산은 변명의 여지가 없었다.

　그럼에도 불구하고 국제 측이 주장하는 정치적 타살론의 핵심은 "양정모 국제 회장이 정치자금 등과 관련해서 전두환 대통령에게 개인적으로 미움을 샀기에 고의적으로 도산시켰다"는 주장이다. 양정모 회장도 후일 "국제 도산 이유로 첫째, 대통령이 나를 미워했고, 둘째, 내 기업을 빼앗아 누구를 주기 위해서"라고 주장했다. 경영이 어려웠던 것은 사실이지만 은행의 자금 지원이 계속되었다면 충분히 회사가 살아날 수 있었다는 것이다. 더구나 자구 노력을 통해 일부 기업이라도 살릴 수 있었는데도 통째로 빼앗아 버린 데에는 정치적 탄압 의도가 깔려 있었다는 주장이다.

과연 그랬을까? 재무장관 김만제의 증언이다.

처음부터 국제그룹을 공중분해할 생각은 없었다. 구제금융을 해서라도 살릴 수 있는 방도를 찾았다. 문제는 사람인데, 양정모 회장을 믿고 은행이 뒷돈을 계속 대 줄 수 없었다. 그래서 전문경영인으로 평판이 있는 손상모 씨한테 경영을 맡아 줄 것을 부탁했다. 그가 CEO로 경영 책임을 맡으면 부실을 정리하고 기업을 살려 나갈 수 있을 것으로 기대했기 때문이다. 그러나 손 씨가 거절하는 바람에 차선책으로 연합철강의 전 사주였던 권철현 씨한테까지 차관보를 보내서 연합철강을 포함한 국제 계열 10개사의 인수를 제의했었다. 내가 최종안을 만들어 청와대에 들고 들어갔고, 대통령이 결정했다.

아무리 혜택을 준다 해도 부실기업을 떠맡을 제3자를 찾는 일 또한 쉽지 않았다. 너도 나도 등을 돌리는 바람에 정부가 강제로 떠맡기는 경우도 생겨났다. 가장 덩치 큰 국제상사를 인수한 한일합섬이 그랬다. 한일합섬은 마침 김철호의 명성그룹을 인수키로하고 만반의 준비를 끝내고 발표만 남겨 놓고 있었는데, 재무부로부터 국제상사의 인수를 통보(?)받았던 것이다. 국제상사의 건설 부문과 동서증권을 인수한 극동건설의 경우도 강제로 선정된 제3자였다. 국제가 중동에서 벌여 놓은 건설공사를 마무리할 건설회사를 물색하던 끝에 극동건설을 낙점한 것인데, 극동은 강력히 버텼다. 재무부는 하는 수 없이 흑자기업인 동서증권을 끼워 주는 조건으로 극동에게 건설 부문을 떠넘겼다.

이처럼 제3자 선정 과정을 뜯어보면 재무부로서도 애로가 적지 않았다. 어쩔 수 없이 강제력을 동원한 결과 멀쩡한 기업까지 망가뜨리는 경우도 있었고, 반대로 떠맡긴 기업이 호황을 맞아 흑자를 내는 바람에 특혜 시비에 휘말리는 경우도 없지 않았으니 말이다.

경제수석 사공일은 자신의 입장을 이렇게 정리했다.

부실기업 정리를 공개리에 하면 뒷말도 없을 것이라는 점을 누가 모르겠는가. 그러나 정리 대상 기업이 어디 하나 둘인가? 공개리에 했다고 가정해 보자. 당장 해외 건설 업체들이 중동 현장에서 발이 묶이고 배를 빼앗기는 사태가 벌어질 텐데, 그 일 감당을 누가 어떻게 해내는가? 더구나 소문만 나도 해당 기업 부채나 재고 등을 정확하게 파악하는 작업이 불가능해진다. 경남기업도 중동에서 벌여 놓은 공사들을 원만히 마무리 짓기 위해 처음에는 현대건설에게 넘길 것을 김만제 장관과 합의했었다. 정주영 회장과 이명박 사장을 직접 만나서 부탁했으나 거부하는 바람에 어쩔 수 없이 차선책으로 대우에게 간 것이다.

정부 결정에 일말의 의혹의 여지도 없었다면 비록 비공개였다 해도 시비 걸기가 어려웠을 것이다. 국제 역시 마찬가지였다. 국제 그룹의 노른자위라고 할 수 있는 연합철강의 인수자 결정이 의혹의 소지를 남긴 사례다. 막판에 대통령이 끼어들었던 것이다. 담당 실무자는 이렇게 증언했다.

김만제 장관의 당초 계획대로 연합철강을 전 사주인 권철현 씨에게 인수시켰더라면 별문제 없었다. 그런데 청와대 보고 과정에서 대통령 지시로 동국제강으로 인수자가 바뀌었다. 동국제강이 당시 힘 있는 사람들과의 관계가 어떠했는지 다 아는 사실 아닌가.

물론 동국제강이라고 해서 연합철강을 인수 못 할 이유는 없다. 그러나 직업 관료들이 실무적으로 추진한 내용이 대통령 결재 과정에서 막판에 뒤집어졌다는 사실이 의혹의 빌미를 제공한 것이다. 1988년 12월에 있었던 국회 5공비리 청문회도 이 부분을 집중적으로 추궁했었다.

국제의 도산 과정에 대해서는 여러 음모론적 주장이 제기됨에도 불구하고 정치적 개입 여부를 확인하기는 어렵다. 무엇보다 국제의 경영 상태가 워낙 나빴기 때문이다. 특히 구제금융만 해 줬더라면 살았을 것이라는 주장은 설득력이 약하다. 당시 모든 은행들이 자신들의 부실로 앞뒤 분간을 못 하는 형편이었는데, 국제에 구제금융으로 은행이 떠안게 될 부실은 누가 감당할 것인가? 따라서 정치적 타살론은 논리적으로 납득하는 데 한계가 있다. 헌법재판소의 위헌 결정과는 별개의 문제다. 다만, 공중분해 이후 제3자 인수 과정의 석연치 않은 점이 문제다. 주요 기업이었던 연합철강의 인수자가 어찌해서 대통령 결재 과정에서 동국제강으로 바뀌었는가 하는 의문이다. 이 의문이 풀리지 않았기 때문에 거슬러 올라가서 도산에 대한 의혹으로까지 번지게 된 것이다.

김만제의 증언이 말하는 바는 "재무장관이 결정한 인수자 연합철강을 전두환 대통령이 결재 과정에서 다른 회사로 바꿨는데, 그 회사가 정치자금도 잘 내고 대통령과 가까운 사이였다"는 것이고 그것이 의혹을 키웠다는 이야기다. 대강 정리해 보면, 1) 국제의 경영 상태는 지극히 나쁜 상태였고, 2) 인수 기업 선정 과정에서 실무자 판단과는 달리 대통령이 최종 결재를 통해 개입했으며, 3) 양정모 회장의 정치적 괘씸죄가 도산 과정에 얼마나 영향을 미쳤는지는 여전히 의문으로 남는다는 것이다.

1997년의 IMF 사태에서는 그 많은 기업들, 심지어 은행들까지 무더기로 망했으나 정치적 입김이 작용한 경우가 전혀 없었을 뿐 아니라, 오해의 소지조차 용납되지 않았다. IMF가 제시한 기준에 따라 무차별적으로 기업의 생사가 결정되었기 때문이다. 상환 기일에 입금을 못 하면 무조건 부도가 났다. 인정사정없이, 원칙과 숫자에 입각해서 기계적으로 처리했으므로 공정성 시비도 걸릴 리 없었다. 반면에 멀쩡한 기업의 흑자도산도 많았다. 하루 이틀만 봐줬어도 살아날 수 있었던 수많은 유망 기업들이 일시적 자금난으로 망해야 했고, 외국 자본에 넘어가는 경우가 부지기수였다. 1980년대 중반 전두환 시대의 부실기업 정리와는 정반대였다.

해운산업 부실과 비자금

정치적 개입 여부가 관심거리였던 케이스 또 하나가 해운산업 부실 정리였다.

애당초 해운산업 부실은 그야말로 순수하게 경제적 측면에서 진행된 구조조정 작업이었다. 항만청과 은행 그리고 해운회사들이 합작으로 저지른 어처구니없는 부실이었다. 청와대나 경제기획원에서도 문제의 심각성을 알지 못했다. 뒤늦은 정부 개입 과정에서 대한선주를 한진에 인수시키고 범양전용선 박건석 회장의 자살 사건까지 벌어지면서 해외 건설 부실 정리 못지않은 분란을 일으켰던 것이다. 특히 대한선주의 경우 기업 자체의 부실에다가 고위층의 눈 밖에 나면서 더 복잡해졌다.

그러나 대한선주 문제의 본질은 역시 기업 부실이었다. 5공비리 청문회가 대한선주를 인수한 한진을 상대로 특혜 배경을 따지는 일에 초점을 맞췄으나 이것은 방향 착오였다. 대한선주라는 부실기업이 누구한테 넘어갔느냐가 아니라, 어떤 배경과 과정에서 무너졌느냐가 추궁의 초점이 되어야 했다. 당시 해운산업 전반에 대한 이해가 필요하다.

1984년 5월, 정부의 해운산업 통폐합 조치 발표는 일반에게 매우 충격이었다. 63개 해운회사들이 진 은행 빚이 무려 4조 원이었다. 어쩌다가 이 지경이 되었던 건가? 해외 건설 부실은 중동 경기의 침체로 진출 업체들이 수주를 못 해서 쌓은 부실쯤으로 이해할 수 있다 해도, 어느 날 갑자기 듣도 보도 못한 해운회사들의 무더기 부실로 은행들까지 도산 위기에 봉착했다는 게 아닌가.

세계 해운업계는 원래 투기판이다. 해운 본연의 운임비 수입은 뒷전이고, 해운 경기를 타고 뱃값이 오르면 떼돈을 벌고, 반대 경우가 벌어지면 단숨에 쫄딱 망한다. 한국의 해운업계는 앞을 다퉈 배 사들이기 경쟁을 벌였고, 뱃값은 은행의 지급보증으로 간단히 해결했다. 은행은 수수료 따먹는 재미로 뱃값의 90%까지 보증을 섰다. 누이 좋고 매부 좋은 격이었다. 정부는 태극기 꽂은 배가 늘어난다고 중고선 매입을 장려했다. 그랬던 것이 마침내 세계 해운 경기가 급락하면서 국내 해운회사와 은행들이 함께 망할 위기에 처한 것이다.

결국 63개 해운회사를 17개로 합치고 부채 상환을 연기해 주는 '합리화 조치'가 취해지게 된다. 문제의 대한선주와 범양전용선은 업계의 대표선수 격이었으므로 정부의 통폐합 조치에 대해

입이 열 개라 해도 변명의 여지가 없었다.

　이 과정에서 대한선주에 미운털이 박히기 시작한다. 정부의 합리화 조치에 노골적으로 반기를 든 것이다. 항만청은 과당경쟁을 막기 위해서 선사별로 운항 노선을 배정했는데, 유독 대한선주가 이를 어기고 일방적으로 배를 운항시켰던 것이다. 이런 와중에 국세청의 세무조사가 실시됐다. 단순한 세무조사가 아니라 안무혁 국세청장이 직접 나서서 "이런 기업은 가만 놓아 둘 수 없다"면서 거래 은행까지 동원하는 대대적인 세무조사를 벌였다. 국세청이 이렇게 나오면 멀쩡한 기업도 결딴나기 마련인데, 가뜩이나 부실한 대한선주가 당해 낼 재간이 없었다.

　자세한 속사정은 알 길이 없다. 분명한 것은 첫째, 부실한 기업이 정부의 구조조정 조치를 어긴 데다가, 둘째, 기업주 차원의 로비가 오히려 정치적 역풍을 초래했다는 것이다. 윤석조 사장이 어설픈 로비를 벌였던 것이 사실이었고, 그의 형 윤석민은 당시 정치인으로서 대통령의 눈 밖에 난 인물이었다. 이런 상황에서 대한선주는 회생 불능 상태로 빠져들었고, 정부는 부랴부랴 해운산업에 대한 추가 지원 조치와 함께 대한선주를 한진에 인수시키기로 한 것이다. 결국 기업 자체의 부실이 가속화함과 동시에 고위층의 괘씸죄까지 가세되면서 절차상의 무리를 무릅쓰고 서둘러 제3자 인수를 실천에 옮긴 케이스다.

　범양전용선의 경우는 대한선주와 좀 다른 케이스다. 범양의 한

상연 사장은 해운산업 합리화 방안 마련에 중추적인 역할을 했을 정도로 정부와의 관계가 우호적이었다. 문제는 박건석 회장이 국세청에 불려가서 내사를 받는 과정에서 투신자살함으로써 범양의 정치자금 관련 의혹이 커지게 된 것이다.

물론 범양 또한 정치자금 수수 문제에서 어떻게 자유로울 수 있었겠는가. 오히려 범양에 대한 국세청의 내사는 청와대 지시에 의한 것이었다. 실무 관계자는 이렇게 증언했다.

> 범양의 비자금 조성에 대해 철저히 조사했다. 처음에는 전 대통령도 완전히 까발려서 형사 처벌까지 하라고 지시했다. 그러나 그 파장이 너무 커진다는 주위의 우려를 반영해서 덮기로 한 것이다. 정치적 압력이 행사된 흔적은 없었고, 정부 지원을 얻기 위한 로비 자금 정도였다.

대통령은 당시 범양으로부터 돈을 받은 고위 관계자 10명의 명단을 가지고 있었으나 그냥 덮고 넘어갔다.

과연 기업이 저지른 부실과 그것을 처리하는 과정에서 작용했던 소위 괘씸죄와의 관계를 어떻게 해석해야 할까?

명성그룹의 억울한 죽음

돌이켜 보면 대형 경제 사건들이 쉴 사이 없이 연달아 터졌다. 하도 자주 터지는 바람에 수사하는 검찰에서도 경험이 부족하고 능력이 달려서 국세청 직원이나 회계사를 상주시켜 물어 가면서 피의자 신문을 해야 했다.

1982년 이철희·장영자 사건을 시작으로 연속해서 터져 나온 크고 작은 금융사고는 금융시장을 쑥대밭으로 만들었다. 이·장 사건 이후 불과 두 달 만에 터진 김상기 사건을 비롯해 이듬해 4월에는 증권업계 종가로 통했던 삼보증권이 간판을 내렸고, 7월에는 명성그룹의 김철호 사건, 9월에는 영동진흥개발 사건, 11월에는 광명그룹 도산 등이 줄을 이었다. 동기야 무엇이든 이 같은 연쇄적 파동은 불안한 경제를 더욱 혼란스럽게 부채질했고, 가뜩이나 허약했던 전두환 정권의 정치 기반에 결정적인 흠집을 냈다. 그중에서도 명성 사건은 정치적 배후에 대한 의혹으로 이·장

사건에 버금가는 충격을 몰고 왔다.

명성 사건은 경제적 사건이라기보다 정치적 사건이었다 해도 과언이 아니다. 명성의 도산은 경영을 잘못했다든지 자금난을 극복하지 못해 부도를 냈다든지 하는 경제적 이유에서가 아니었기 때문이다. 오히려 명성은 다른 기업들이 불황의 늪에서 허우적거릴 때 '콘도'라는 신상품을 개발해 아무도 관심을 기울이지 않고 있던 레저산업 분야에서 무섭게 뻗어 나가던 신예 기업이었다.

바로 그것이 탈이었다. 경력도 대수롭지 않은 김철호라는 인물이 도대체 어찌해서 하루아침에 대사업가로 부상하게 되었는가에 세간의 관심이 쏠렸고, 그처럼 벼락부자가 된 배경에는 필시 뭔가 있을 것이라는 추측이 항간에 무성했다. 통일교가 뒷돈을 대고 있다는 풍문이 나도는가 하면, 대통령의 장인인 이규동 대한노인회 회장이 뒤를 봐주고 있다는 이야기도 여기저기서 흘러나왔다.

이런 명성을 국세청은 1982년 5월 정밀세무조사를 통해 탈탈 털었고, 17억 원의 탈세액을 추징했다. 이때만 해도 조용히 넘어갔다. 털어서 먼지 안 나는 기업이 없는 마당에 정밀세무조사를 당한 기업치고 고작 그 정도의 세금 추징을 당한 것은 약과였다.

그러나 명성에 대한 시중 루머는 계속 증폭되어 갔고, 특히 대통령 장인 관련 소문이 청와대의 신경을 건드렸다. 이에 국세청은 1983년 6월 다시 세무조사를 실시하게 된다. 지극히 예외적인 일이었다. 국세청의 담당 사무관은 이렇게 회고했다.

세무조사는 전 대통령의 지시에 따른 것이었다. 당시 윤 자중 교통부장관이 명성을 적극 참여시키는 것을 골자로 하는 레저산업 육성 계획을 보고했는데, 이 보고를 받고 난 대통령이 직접 국세청 조사국장한테 전화를 걸었다. "명성이라는 기업이 과연 그럴 만한 기업인가를 알아보라"고 지시한데서 세무조사를 시작한 것이다.

이·장 사건으로 홍역을 치른 전두환으로서는 또다시 장인 이름이 거론되는 정보보고가 와서 그렇지 않아도 명성에 대해 의구심을 가져 왔던 터에 교통부장관의 보고 내용이 아무래도 께름칙했던 것이다.

국세청은 영 마음이 내키지 않았다. 1년 전 세무조사 때에도 별 뾰족한 점을 발견하지 못했던 터에 실무적으로 재조사는 있을 수 없는 일이었다. 더구나 재조사를 통해 새로운 비위가 드러날 경우도 고민이었다. 1년 전의 조사가 엉터리였음을 국세청 스스로가 인정하는 셈이 되는 것이므로 이래저래 달갑지 않았다. 따라서 국세청 조사는 시늉만 내고 있었다.

그러던 중에 억울함을 참지 못한 명성의 김철호 회장이 '강호제현에게 드리는 글'이라는 항의성 신문 광고를 낸 것이 화(禍)를 자초했다. 말로는 사회적 물의를 일으켜 죄송하다는 사과문 형식을 취했으나 실제 내용은 누가 봐도 세무조사를 벌이고 있는 국세청을 정면으로 비난하는 것이었다. 그 시대에 감히 생각도 못할 일이었다. 일개 신흥 기업이 국세청을 상대로 싸움을 걸다니, 그것도 실세 국세청장 안무혁을 상대로 말이다.

가만히 있을 국세청인가. 내용도 없이 세무조사 중간발표까지 했다. 사자의 코털을 건드린 격이었다. 안무혁은 "엄청난 탈세 혐의로 조사받고 있는 기업이 자숙은커녕 또다시 국민을 오도하려 하는 저의가 한심하다"며 화를 감추지 않았다. 50명이던 조사 요원이 이날부터 100명으로 늘어났다. 그러나 명성은 국세청장의 겁박에도 불구하고 국세청 중간발표문의 잘못된 부분을 낱낱이 반박했다. 천하의 국세청이건만 사실 난처했다. 이때까지 아무리 훑어도 별다른 시빗거리를 찾아내지 못했기 때문이다. 국세청 관계자도 그런 점을 시인했다.

> 김철호 회장이 국세청을 공격하는 신문 광고를 내지만 않았어도 적당히 시간을 끌다가 조용히 끝냈을 일이었다. 김 회장이 왜 그런 행동을 했는지 지금도 수수께끼다.

국세청은 일개 신흥 기업을 상대로 총력전을 폈다. 그러던 어느 날 일은 엉뚱한 데서 터져 나왔다. 탈세 문제가 아니라, 명성이 엄청난 규모의 사채를 편법으로 조달해 왔다는 사실을 밝혀낸다. 상업은행(지금은 한일은행과의 합병을 통해 한빛은행을 거쳐 우리은행이 됐

다) 혜화동 지점 김동겸 대리가 1천여 명의 고객을 상대로 사채 금리를 주고 조성한 자금 1,066억 원을 명성에 제공해 왔던 것이다. 명성은 정상적인 은행 대출로 자금을 조달한 게 아니라, 은행 대리 한 명이 사적으로 모집한 돈을 빌려 쓴 것이다. 고객 입장에서는 은행 금리보다 훨씬 높은 금리를 받을 수 있어서 좋았고, 명성은 금리 부담은 있어도 필요한 돈을 손쉽게 융통할 수 있어서 좋았다. 당시만 해도 은행 거래는 전산 처리되었는데, 문제의 김동겸 대리는 지점장 몰래 하느라고 고객들이 맡기는 돈의 액수를 예금통장에 일일이 기입하는 소위 수기통장을 만들어서 사용했다. 은행이 모르는 사채놀이가 은행 안에서 벌어진 셈이다. 은행 대리 한 명이 21개 계열기업을 거느리고 있는 명성이라는 신흥 재벌의 주거래은행장이나 마찬가지였다. 요즈음 식으로 말하자면 자기 은행 거래처 고객들 돈으로 사모 펀드를 조성해 딴살림을 차려서 특정 기업에 돈줄을 만들어 준 것이라고도 할 수 있을 것이다. 당시 명성의 장부상에 나타난 은행 부채는 20억 원에 불과했다.

어쨌거나 명성의 수기통장 사건은 매우 충격적이었다. 첫째, 욱일승천하던 명성의 자금 줄이 사채 자금이었고, 둘째, 그러한 사채 자금의 동원이 은행 통장을 매개로 이뤄졌다는 점이다.

명성이란 회사와 김철호가 어떤 인물이었는지를 살펴볼 필요가 있다. 김철호의 경력은 보잘것없다. 지방에서 택시운수업도 했다가 관광회사도 했다. 재정 형편도 좋지 않았던 건달성 소사업가였다. 그러다가 일반에게 알려지게 된 것은 김철호라는 이름보다 '콘도'라는 단어였다. 신문 광고로 콘도를 분양한다는데 사람들은 그게 무슨 말인지를 몰랐다. 여러 사람이 공동으로 소유하되 사용은 겹치지 않게 나눠서 하며, 건축 비용은 각자의 분양 대금으로 감당하는 것이 바로 콘도임을 지금은 다 알고 있는 것이지만 당시에는 몰랐다. 처음 보는 신상품이었다. 큰 호응을 일으키며 분양하기가 무섭게 완판이었다. 자기 돈 한 푼 안 들이는 콘도 사업으로 불과 3년 만에 20개 이상의 계열기업을 거느린 신흥 대기업군이 된 것이다. 콘도만이 아니었다. 강원도와 경기도 일대에 대규모 땅을 확보해서 골프장과 호텔 등을 포함한 종합레저타운을 만들어 나가는가 하면 건강식품 사업에도 뛰어들었다.

이처럼 급신장하는 배경이 궁금하지 않을 수 없었다. 언론이 클로즈업하고, 소문에 따른 갖가지 의혹이 제기되는 게 당연하기도 했다. 국세청이 나서기 전에 교통부나 건설부 쪽에서 소위 콘도사업의 급신장을 걱정한 나머지 제동을 걸려는 움직임도 있었다. 그러나 콘도를 규제할 법적 근거가 없었다. 용어 자체가 처음이다 보니 규제할 법이 없었던 것이다.

김철호는 한마디로 기발하고 특출한 인물이었다. 레저산업이 그에게는 신천지였다. 이야기가 시작되면 시간 가는 줄 모르게 자신의 아이디어를 쏟아 낸다. 샘솟는 아이디어를 신속하게 사업화해 나가려는 그에게 은행 대출을 통한 정상적 자금 조달은 애당초 궁합이 맞지 않았을는지 모른다.

그런 김철호가 9년 넘는 세월을 청주교도소에 옥살이를 했다. 과연 그럴 만한 중죄였던가? 당시 부총리 겸 경제기획원장관을 지냈던 김준성은 은퇴 후 이렇게 잘라말했다.

> 사실 김철호가 무슨 죽을죄를 지었는가? 죄가 있다면 사채 쓴 죄밖에는 없다. 기업이 사업을 하기 위해서 비싼 이자 물어 가면서 사채를 쓴 게 무슨 죄가 되나? 누구에게 피해를 입혔는가? 내 입으로 자세히 말은 못 하겠으나 김철호는 억울하게 감옥 갔다는 점은 분명해.

이 사건을 다루는 정부 입장은 시작부터 정해져 있었다. 판결로 드러난 김철호의 죄는 46억 원의 탈세를 했고 교통부장관에게 뇌물 준 것 등이다. 그 많은 인력을 동원해서 때려잡은 결과가 이 정도라면 김철호에 대한 처벌은 누가 봐도 가혹했다. 개인에 대한 형사적 처벌은 물론이고 회사를 통째로 빼앗아 해체시킨 후에 주요 기업들은 부동산과 함께 한화그룹에 넘겼다. 한화가 오늘날 누리고 있는 레저기업은 거의가 김철호의 회사와 부동산들이었다. 명성의 생체해부야말로 정부를 상대로 헌재에 제소할 사건이었다.

김철호의 명성은 왜 그처럼 억울한 죽음을 당해야 했을까? 아무 일도 없었는데도 공연히 청와대로부터 미운털이 박혔던 것인가? 그렇지는 않다. 언론 보도대로 명성이 급성장하는 과정에서 김철호가 대통령 장인 이규동과 자주 접촉했던 것은 사실이었다. 당시 상황으로 봐서 이 씨가 어떤 형태로든 명성의 사업 확장에 도움을 줬을 것이다. 김철호 또한 이규동과의 관계를 십분 활용했다. 이철희·장영자처럼 사기 행각을 벌이지는 않았지만.

문제는 시중 소문의 확산이 가뜩이나 이·장 사건으로 상처를 입은 청와대를 몹시 불쾌하게 만든 것이었다. 처음부터 죽일 생각은 아니었다. 세무조사를 통해 따끔하게 혼내 줌으로써 대통령 친인척 관련설이 사실이 아님을 국민들에게 입증해 보이자는 것이었다. 그런데 뜻하지 않게 명성이 정면 반격을 개시하는 바람에 졸지에 일이 커져 버리고 말았다.

레저산업의 신천지를 개척하며 거침없이 뻗어 나가던 명성은 이렇게 해서 하루아침에 무너지고 만다. 대통령 주변의 이미지 회복을 위해 치른 대가로서는 너무도 비쌌다. 국세청뿐 아니라 정보기관까지 동원했던 것도 이해할 수 없는 난센스였다. 김철호 부부를 호텔 방에 데려다 놓고 철야 조사를 벌이는데 안기부 요원이 외곽 경비 업무를 섰다는 국세청 관계자의 증언이 뜻하는 바가 무엇일까? 연거푸 터져 나오는 경제사고, 그리고 그때마다 빠지지 않는 친인척 개입 등을 감당하느라 집권 기간의 초기 절반

가량은 허겁지겁 바람 잘 날이 없었다. 이러지도 저러지도 못하면서 가장 난처했던 자리는 친인척 관리를 담당하는 민정수석(이학봉)이었다.

단군 이래 최대 호황

갖가지 비리 사건이 터지는데도 불구하고 집권 중반으로 접어들면서 비로소 경제가 풀리기 시작했다.

"국제수지가 적자 굴레를 벗어나 1986년에는 드디어 균형을 이룰 것이다."

정부의 이 발표를 그대로 믿는 사람은 아무도 없었다. 실무자들조차 다그쳐 물으면 "정부의 의지 표현 정도로 이해해 달라"며 얼버무렸다. 1985년 9월 G5 '플라자 합의'를 계기로 국제금리, 달러 가치, 유가가 함께 떨어지는 이른바 '3저 시대'가 열리기 시작했는데도 국내 경제는 여전히 외채 걱정과 경기 침체 고민에서 헤어나지 못하고 있었다.

1985년 말의 총외채는 무려 467억 달러. 여기저기서 '외채 망국론'이 팽배하고 있었다. 내로라하는 유명 경제학자들은 신문 기고를 통해 정책이 안일하다며 맹렬하게 정부를 비판했고, 국회는 여야를 가리지 않고 경제정책의 실패를 공격했다. 언론의 논조도 마찬가지였다. 물가는 잡았지만 쌓여 가는 외채와 경기 침체 문제의 활로가 보이지 않는데도 정부는 대통령 비위를 맞추기 위해서 낙관론만 계속 펴고 있다는 것이 비판의 초점이었다. "지금 이 순간에 태어나는 갓난아이가 짊어져야 하는 외채가 얼마인 줄 아는가" 하는 식의 비판이 한창 유행할 때가 바로 이때였다. 그러나 당시 경제를 끌어갔던 사공일 경제수석이나 신병현 부총리, 그리고 김만제 재무장관 등은 하나같이 낙관적인 입장을 취했다.

사람들과 하도 동떨어진 이야기만 앵무새처럼 거듭하는 신병현 부총리 방에 경제기획원 출입기자들이 찾아갔다. 차 한잔 하면서 비공식 기자회견이 자연스럽게 이뤄졌다.

— 모두가 외채 걱정인데, 경제팀장으로서 너무 낙관론만 펴는 것은 곤란하지 않습니까.

"사실이 그런데 나더러 거짓말을 하라는 겁니까? 정작 걱정을 해야 할 외국 은행들은 괜찮다며 서로 돈을 빌려 주겠다는 판인데, 왜들 이러는지 모르겠어요. 참 딱합니다."

— 딱한 쪽은 부총리입니다. 우리 능력에 비해 외채가 너무 많은 게 사실이고, 따라서 경제팀을 이끌어 가는 부총리 입장에서 국민한테 제스처라도 걱정하는 모습을 보여야 할 것

아닙니까?

"나는 그런 제스처는 못 합니다. 마음에도 없는 행동을 일부러 해 보이라는 겁니까?"

외채뿐 아니라 경기 침체에 대해서도 마찬가지였다. 경기 걱정이 제기될 때마다 그는 즉각 호주머니 속에 넣고 다니는 통계 메모를 꺼내 들고는 '상향성 안정세' 운운하면서 판에 박은 낙관론을 되풀이하곤 했다. 그래서 기자들이 신병현을 '곰바우' 부총리라고 부른 것이다.

경기 문제에 관한 한 사공일 경제수석과 김만제 재무장관의 생각은 신병현 부총리와 달랐다. 물가 안정은 어느 정도 되었으나 경기 쪽에는 좀 더 적극적인 대응이 필요하다고 판단했던 것이다. 돈줄을 관리하는 재무장관은 총통화증가율을 한자리 숫자로 낮추는 것은 무리라는 생각이었고, 따라서 실무자에게 "돈 푸는 방법을 강구하라"고 지시할 정도였다. 이런 분위기 속에서 사공일과 김만제의 합작으로 만들어 낸 것이 '수출 관련 설비 투자에 관한 자금 지원'을 확대하고 원화 가치를 절하하는 작업이었다. 다행히 그동안 말썽이 많았음에도 불구하고 부실기업 정리 문제에서 한시름 놓게 되었으므로, 물가 안정에 치중해 왔던 전두환 경제가 드디어 방향 전환을 시작할 수 있었던 것이다. 사공일의 증언을 들어 보자.

1985년에 들어오면서 세계경제 전망은 낙관론과 비관론이 엇갈렸다. 그러다가 유가 하락과 교역량 증가 조짐이 보이면서 낙관론 쪽으로 대세가 기울었다. 따라서 한국도 오름세를 보일 세계경제의 파도를 올라탈 준비를 해야겠다는 판단이 섰고, 그 대응책으로 시설 자금 공급을 확대하고 환율을 인상하는 정책을 선택한 거다.

대통령도 이젠 물가 안정 기조를 수정해 경기 부양 쪽으로 생각이 바뀌어 가고 있었다. 환율 인상을 허락한 것도 그런 맥락이었다.

1986년 1월, 안정론자의 트레이드마크였던 신병현이 물러나고 후임 부총리에 김만제 재무장관이 기용됐다. 사공일의 천거였다. 경제에 활기를 불어넣으려면 결단력 있고 적극적인 김만제가 경제부총리로 적임자라고 판단한 것이다. 대통령 자신도 그해 국정연설에서 고정 메뉴인 물가 안정에 대한 언급을 빼고 이례적으로 "투자 활성화를 통해 일자리를 늘려 가겠다"고 밝혔다.

신임 경제팀장 김만제는 판단과 행동이 빠른 사람이었다.

부총리 취임 후 가장 신경을 써야 할 당면 과제는 부실기업을 서둘러 정리하는 일과 3저 현상의 호기를 살릴 수 있도록 설비 투자를 늘려 가는 것이었다. 이 같은 내용을 청와대에 들어가 보고했더니 대통령은 매우 못마땅해 하는 반응이었다. 애써 구축해 놓은 물가 안정 기조를 왜 허물어뜨리려 하느냐는 것이다.

그러나 돌이켜 보면 내가 재무장관과 부총리 시절에 좀 더 과감하게 금리를 내리고 환율을 올렸어야 했다는 아쉬움이 남는다. 특히 환율 인상을 더 서둘렀어야 했다. 분위기가 경직되었던 탓도 있지만 내 자신이 눈앞의 부실기업 정리에 너무 신경을 썼던 탓도 있었다.

3저 시대가 본격적으로 열리면서 어떠한 정책 시비도 모두 묻혀 버리고 만다. 오르기만 하던 국제금리와 유가가 대체로 내림세로 돌아설 것이라는 전망을 하기는 했어도 기대보다 훨씬 가파르게 떨어졌다. 한때 배럴당 40달러를 넘나들던 국제 유가가 1986년 7월에는 5달러까지 폭락했고, 국제금리 역시 20% 선에서 한자리 숫자로 내려갔으니, 이런 일을 누가 예상할 수 있었겠는가. 상상도 못 할 일이었다.

갖가지 경제 전망들이 기분 좋게 틀려 나갔다. 국제수지든 성장이든 간에 가능할까 싶었던 정부의 전망치들은 그해 상반기가 채 지나기도 전에 크게 빗나갔다. 정책 방향의 대세는 3저 호기를 놓쳐서는 안 된다는 것이었다. 핵심은 기업 투자의 뒷돈 대 주기를 확대해 나가는 것이었다. 세금 쪽에서도 지원책이 나왔다. 당초 1986년 6월까지 한시적으로 실시키로 했던 투자 세액공제 제도를

6개월 더 연장시켰다. 이런 정책들을 기초로 해서 1986~88년 동안 매년 12%가 넘는 높은 성장률을 기록했고, 그 3년 사이에 경상수지는 무려 286억 달러 흑자를 냈다. 더구나 버겁게 여겼던 아시안 게임과 올림픽도 성공적으로 치러 낼 수 있었다.

전두환 경제의 후반기는 그야말로 단군 이래의 최대 호황을 구가했다. 물가, 국제수지, 성장이라는 세 마리 토끼를 모두 잡은 것이다.

묘하게도 이 무렵의 정치 상황은 극도의 혼미를 거듭하고 있었다. 개헌 문제를 둘러싸고 여야가 첨예한 대립을 계속하는 가운데 박종철 고문치사 사건을 계기로 정국은 한 치 앞도 내다보기 어려운 상황으로 치닫고 있었다. 그럼에도 경제는 아랑곳없었다. 호황 국면은 전두환 시대가 막을 내리고 6공 시대로 이어지는 과정까지도 계속된다.

'단군 이래 최대 호황'은 과연 전두환의 치적인가, 아니면 3저 현상이라는 운이 가져다 준 해피 엔딩인가? 전두환에 대한 최근의 매도 분위기는 후자 쪽의 해석이다. TV 토론에서 노골적으로 그렇게 말하는 논평가들도 적지 않았다. 세 마리의 토끼를 잡은 것은 사실이지만 그건 전두환 정권이 정책을 잘해서가 아니라 재수 좋게 대외 여건이 좋아진 덕분이라는 것이다. 과연 그런가?

3저 현상이 당시 경제의 드라마틱한 호전에 결정적인 역할을 한 것은 누구도 부인할 수 없는 사실이다. 확실히 예상치 못했던 대운이 따랐다. 그러나 운으로만 재단하는 것은 전두환 경제에 대한 지나친 폄하다. 여러모로 따져 봐야 한다. 우선 3저 현상이 한국한테만 온 게 아니지 않은가. 기름 값과 국제금리가 내리고 미국 달러가 약세를 보인 것은 세계적인 현상이었고 다른 나라 모두에 적용되는 호재였는데, 어찌해서 한국만 그처럼 두드러지게 경제 발전의 결정적 계기로 삼을 수 있었는가 하는 질문이다.

그런 차원에서 되짚어 보면, 3저를 호기로 삼아 도약할 수 있는 사전 준비가 종합적으로 잘 맞아떨어졌다는 점에 주목해야 한다. 수출의 급속한 증대가 가장 큰 역할을 해 준 것인데, 그 바탕은 역시 안정된 물가였다. 무엇보다 물가 안정 기반이 구축되어 있었기에 수출 경쟁력이 십분 발휘될 수 있었던 것이다. 거기에 더해 기업들의 투자 확대 정책의 타이밍도 맞아 떨어졌다. 3저 시대를 내다보고 한 것은 아니었으나 1984년 이후부터 긴축 기조를 성장 기조 쪽으로 전환시켜 나가는 시점에 3저 시대가 도래했으니 말이다.

또 하나 중요한 포인트는 박정희 시대 온갖 시행착오를 거치면서 살아남은 중화학공업이 시간이 지나면서 수출의 효자로 새롭게 자리 잡았다는 점이다. 천덕꾸러기 취급을 받던 중화학 제품들이 1980년대 중반에 들어오면서부터 수출의 핵심 품목으로 자리 잡기 시작한 것이다.

기업 구조조정도 한몫을 했다. 숱한 부작용과 무리를 빚어 가면서 밀어붙였던 정부의 부실기업에 대한 교통정리 덕분에 금융기관들도 원활한 자금 지원이 가능했다. 이처럼 여러 요인들이 종합적으로 작용했기에 때마침 찾아온 3저 기회를 십분 활용할 수 있었던 것이다.

제3부

빛과 그림자

국격을 바꿔 놓은 88 올림픽

외국 사람들이 우리를 높게 평가하는 데 반해 정작 우리가 우리 스스로를 과소평가하는 경우가 더러 있다. 대표적인 사례로 88 서울 올림픽을 꼽을 수 있다. 한국에 대한 국제적 인식이 올림픽을 계기로 확 달라졌다. 그러한 올림픽 개최는 '전두환의 야심'이 주도했다. 그 과정을 되짚어 보자.

일본 나고야와 치열한 유치 경쟁을 벌인 끝에 한국의 서울이 올림픽 개최지로 결정되기까지, 한 편의 드라마였다. 1981년 9월 스위스 바덴바덴에서 열린 국제올림픽위원회(IOC) 총회에서 개최지를 최종 발표하는 사마란치 위원장의 "쎄울!"이라는 일성에 환호하던 감격을 지금도 기억하는 사람들이 많을 것이다. 그러나 88 서울 올림픽 개막식에는 당연히 초대받았어야 할 인물이 함께하지 못했다. 전임 대통령 전두환이다. 노태우 대통령 때 서울 올림픽이 치러졌으나 그것의 유치를 결정하고 추진한 것은 전직 전두환 시대에 이뤄지지 않았는가. 보통의 상식이라면 전두환은 당연히 로열 박스에 앉아서 특별대우를 받았어야 마땅한 일이다. 그러나 민주화 이후 불어닥친 '독재자 전두환'에 대한 국민 여론은 그의 개막식 참석을 허용치 않았다.

물론 88 올림픽 서울 유치의 공을 전두환 혼자에게 돌릴 순 없다. 유치 추진을 결정한 것은 대통령이었지만 실제로 올림픽 유치를 성사시킨 주인공은 현대 회장 정주영이었다. 여태까지 경쟁을 통해 한국이 유치했던 올림픽이나 엑스포 등의 국제행사 대부분은 민간기업들의 인적 네트워크와 자금지원을 통해 가능했다.

그렇다고 해서 정부 차원의 노력을 폄하할 순 없다. 올림픽 유치 경쟁에 뛰어들기로 한 것은 어디까지나 정부의 역할이자 결정이었고, 그 과정 또한 순탄치 않았다. 더구나 전두환에 대한 국민 감정이 아무리 부정적이라 해도 그와는 별개로 88 올림픽 개최에서 대통령이 어떤 입장이었고 무엇을 했는가에 관한 객관적인 평가는 이뤄져야 할 것이다.

88 올림픽 서울 유치의 역사는 박정희 시대로까지 거슬러 올라간다. 처음 말을 꺼낸 인물은 경호실장을 지냈던 박종규였다. 1979년, 올림픽의 서울 유치 추진을 정부에 처음 건의했고, 그해 9월 대통령의 공식 발표가 나왔다. 그러니까 88 올림픽 유치 추진을 결정한 대통령은 박정희였다. 하지만 얼마 되지 않아서 10·26 사태가 터지는 바람에 그 이후로 흐지부지되고 말았다. 올림픽

유치를 위한 실무 작업은 박정희의 사망에 뒤이은 정치적 혼란의 와중에도 진행되고 있었으나 후임 대통령 최규하는 올림픽 같은 일에는 별 관심이 없었다.

전두환은 일반에게 알려진 것보다 훨씬 일찍부터 올림픽 유치에 집념을 키워 나갔다. 의외로 집권 초기부터였다. 대체 전두환은 정치도 불안하고 경제도 엉망인 상태가 지속되고 있는 가운데 어찌해서 올림픽 유치에 그토록 관심을 기울이게 된 것일까?

전두환으로 하여금 올림픽에 구체적 관심을 갖게 한 결정적 계기는 일본 기업인의 조언이었다. 유치 경쟁의 가장 유력한 후보가 일본 나고야였음에도 불구하고 일본 기업인이 한국 대통령에게 올림픽 유치를 건의했다는 것 자체가 고개를 갸우뚱거리게 하는 일이었다. 전두환 자신도 "처음에는 진의를 알 수 없어 무슨 저의가 있는 것 아닌가 의심했다"고 회고록에 적고 있다. 전두환이 세지마 류조(瀨島龍三) 이토추(伊藤忠)상사 상담역을 알게 된 것은 국보위 상임위원장 시절이었는데, 그가 1964년 도쿄 올림픽 개최를 언급하면서 "장래가 불투명한 상황에서 사회 분위기를 일신하기 위해서는 올림픽 대회 유치가 좋을 것"이라고 말했다는 것이다. 전두환의 야심을 자극하기에 안성맞춤의 조언이었다.

올림픽 개최가 가능하기만 하다면 당시의 전두환으로서는 딱 마음에 드는 프로젝트였다. 거창한 국제적 스포츠 행사를 성사시켜 낼 수 있다면 자신의 리더십을 국제적으로 인정받는 기회일 뿐 아니라, 집권 과정의 정당성 시비에서도 도움이 될 것이라 판단했을 것이다. 아무튼 도전하고 일을 벌이는 것을 좋아하는 스타일이었다. 되든 안 되든 일단 해보자는 쪽으로 마음을 정했다.

대통령 취임 직후부터 올림픽 유치를 다시 추진하기 시작했다. 그러나 각계의 반대 여론이 만만치 않음에 적지 않게 당황했다. 국무총리부터 반대였다. 유치에 성공할 경우 대회를 주관해야 할 서울시도 반대했다. 그럼에도 불구하고 대통령은 서울시로 하여금 국제올림픽위원회에 신청서를 제출토록 지시했다(1981년 2월). 잇따라 관련 조사단이 내한해서 개최 여건까지 조사했다.

그러나 신청서 제출 여부와 상관없이 여론은 매우 회의적이었다. 조선 말기 대원군이 왕조의 체통을 세운다면서 나라 살림을 들어먹은 경복궁 중건에 비유되기도 했다. 스포츠 행사 유치에다 정치 관심을 돌리려는 우민정치의 일환이라는 비야냥도 적지 않았다. 필자도 그 당시 경제기자로서 비판 기사를 써 댔다. "지금 때가 어느 때인데 한가하게 올림픽 타령이냐. 정부가 막대한 예산을 낭비해 가면서 국민을 호도하려는 의도"라고 썼다. 유치 성공 가능성도 매우 낮았다. 경제적 능력이나 국제적 영향력 면에서 한국보다 월등히 앞서 있는 일본 나고야를 상대로 싸워 봐야 승산이 없었기 때문이다.

요컨대 가장 두드러진 논점은 돈이었다. 설령 유치에 성공한다고 해도 막대한 개최 비용을 어떻게 감당할 것인가? 추산 비용이 23억 달러나 됐다. 올림픽 개최 이후 경기장 유지 등의 문제까지 따지면 적자 올림픽은 따져 보나 마나였다. 바로 전의 캐나다 몬트리올 올림픽이 10억 달러 적자를 냈다는 사실은 비판론자들의 단골 인용 사례였다. 전두환은 회고록(2권 336쪽)에서 다음과 같이 적고 있다.

> 나는 남덕우 총리에게 올림픽유치 대책위원회 설치를 주도할 것을 지시했다. 그런데 경제부총리를 지낸 남 총리부터 회의적이었다. 신병현 경제기획원장관은 경제적 이유로, 박영수 서울시장은 시설 미비로, 체육계조차 유치 승산이 없다는 이유로 반대했다. 심지어 한국을 대표하는 김택수 IOC 위원은 표결에 들어가면 한국 지지 표는 자신의 한 표밖에 없을 것이라고 했다. 김경원 비서실장이 수석비서관회의를 열어 논의했는데 여기서도 반대가 압도적이라고 보고해 왔다.

그의 이러한 회고는 사실이다. 대통령의 생각을 적극 대변해 왔던 문공부장관 이광표나 문교부장관 이규호 같은 인물들만이 "각하의 뜻대로 일단 추진해 보자"고 했을 뿐이다.

이처럼 '반대 대세'에도 불구하고 전두환은 올림픽 유치를 결심하고, 이를 전담할 정무장관 자리를 새로 만들어 친구 노태우를 임명했다. 올림픽유치추진위원장에는 서울시장이 아니라 기업인 정주영 현대그룹 회장을 앉혔다. "올림픽 개최를 경제 논리로만 봐서는 안 된다. 국가전략 차원에서 추진해 달라"가 전두환의 마지막 정리된 메시지였다. 당시의 험악한 정치 환경 속에서 최고통치자의 이 같은 결심에 아무도 더 이상 토를 달 수 없었다.

정부는 대통령의 결심이 선 이상 일사불란하게 움직여 나갔다. 심지어 KDI로 하여금 "올림픽 개최는 경제적으로도 이득이 많으며, 흑자 올림픽이 될 것"이라는 보고서를 만들게 해 대대적인 홍보 작전을 벌이는 일도 했다. 이때도 필자는 "권위 있는 국책연구소가 정부의 시녀로 전락했다"고 KDI를 비판했다.

공은 정주영 올림픽유치추진위원장에게 넘어갔다. 처음에는 정주영도 추진위원장 자리를 어쩔 수 없이 맡았으나, 일단 맡은 바에는 팔을 걷어붙이지 않을 수 없었다. 넘어야 할 산이 하나 둘이 아니었다. 별의별 일이 다 있었다. 바덴바덴 결전을 불과 4개월여 앞둔 시점에 홍보 영화 책자 제작비 1억 8천만 원이 소요됐는데, 중앙정부나 서울시나 그 예산이 없다고 나자빠지는 일도 있었다. 하는 수 없이 다음 해 예산에서 갚아 준다는 조건으로 추진위원장의 사비로 영화를 만들어야 했다(그 돈은 결국 한 푼도 되돌려 받지 못했다). 심지어 유치를 위한 대표단이 출국할 때 정부로부터 통보받은 훈령이 "창피만 당하지 마라"였다. 현지에 뒤늦게 합류한 한국의 IOC 위원 김택수는 "서울 개최는 세 표밖에 안

나온다. 한 표는 내 거고 한 표는 미국, 나머지 한 표는 대만이다"
라는 이야기를 공공연히 하고 다녔다.

정주영은 이런 분위기에 아랑곳하지 않고 현대 직원들을 동원
해서 득표 로비를 진두지휘했다. 한진의 조중훈, 대우의 김우중
회장 등 재계 총수들이 총출동해서 82명의 세계 IOC 위원들을
상대로 로비를 벌였다. 설마 서울이 나고야를 52 대 27이라는 압
도적 표차로 이길 줄은 아무도 몰랐다. 감격의 승리였다.

그리하여 88 서울 올림픽이 개최됐고, 성공적이었다. 적자 올
림픽이 아니라 흑자(3,500억 원) 올림픽이었으며, 더욱 중요한 것은
경제적 계산으로 따질 수 없는 엄청난 무형의 가치를 창출한 올
림픽이었다는 점이다. 어떤 평론가들은 한국을 88 올림픽 이전과
이후로 구분하기도 한다. 국제적 평가는 국내보다 훨씬 후하다.
서울 올림픽이 한국을 보는 세계의 눈을 바꾸어 놓은 것이다.

대소(對蘇) 수교가 대표적 사례다. 소련과의 수교 배경에는 서
울 올림픽이 결정적이었다. 비록 30억 달러 경협이라는 조건부였
기는 해도 당시로서는 소련과의 수교가 그처럼 수월하게 성사되
리라는 것을 기대하기 어려웠다. 올림픽 선수단을 통해 40년 만
에 한국 땅을 다시 밟은 것이 한국에 대한 인식을 완전히 바꿔 놓
은 결정적 계기가 되었던 것이다.

88 올림픽 개최가 가져다 준 빼놓을 수 없는 선물이 또 하나 있

다. 한강종합개발사업(1982~86)이 그것이다. 지금의 한강 모습과 종래의 그것과는 비교할 수 없다. 88 올림픽의 성공은 대회 자체의 운영과 내용이 훌륭했던 당연한 결과이기도 했지만, 올림픽 내내 TV 화면을 통해서 세계에 비춰진 아름다운 한강의 공로도 큰 몫을 했다. 전혀 예상치 못했던 일이었고, 한국인들 스스로도 놀랐다. 한국을 잘 몰랐거나, 전후의 피폐와 빈곤의 나라로만 알고 있던 외국인들에게 한강이 준 충격은 엄청난 것이었다. 그야말로 '한강의 기적'이 무엇인지를 TV로 중계된 '한강'이 상징적으로 보여 준 것이었다.

한강종합개발계획의 탄생 과정은 매우 실무적인 데서 출발한다. 올림픽을 개최하면 김포공항에서 잠실 중심의 경기장 사이를 오가는 교통 문제가 해결되어야 하고, 그러자면 꼬불꼬불한 기존의 강변도로가 아니라 반듯한 직선 도로 건설이 필요했다. 그러자면 길을 새로 뚫어야 하고 강도 함께 손을 봐야 한다는 결론에 도달한 것이다. 가뜩이나 쪼들리는 재정 형편에 또 하나의 돈 들 일이 생긴 거다.

당시만 해도 올림픽 유치는 성공했는데 돈 걱정이 태산이었다. 비관론이 지배적인 가운데 오로지 두 사람만은 낙관적이었다. 대통령 전두환과 현대 회장 정주영이었다. 대통령은 정권의 명운을 걸고서라도 올림픽을 성공시켜야 했고, 정주영은 유치 작전을 진두지휘해서 성공시킨 장본인인 데다가 돈 버는 것이 전문인 기업가 아닌가. 바로 이 두 사람이 한강종합개발사업도 성공시킨 주역이었다.

지금의 올림픽도로로 이름이 붙여진 직선 도로를 뚫는 일이야 돈이 얼마가 들더라도 피할 수 없는 프로젝트다. 문제는 한강이었다. 한강을 손보는 데 드는 돈이 대강 1조 원. 그 돈을 어떻게 조달할 것인가?

전두환은 틈만 나면 올림픽 경기장 건설 현장을 직접 돌아봤는데, 어느 날 정주영 회장으로부터 드디어 그 해결책을 얻었다. 한강의 모래와 자갈을 채취하면 그 돈으로 한강 개발 예산을 크게 줄일 수 있다는 조언을 받은 것이다. 대통령은 즉시 서울시장 김성배를 불러 김포공항에서 미사리 조정 경기장까지 한강의 모래와 자갈 채취권을 10대 건설회사에 나눠 주고, 자기 구역의 한강을 개발하는 최소한의 예산을 짜게 하라고 지시했다. 그리하여 한강종합개발 전체 예산 9,500억 원의 5분의 1에 해당하는 1,962억 원을 골재를 팔아서 충당할 수 있었다.

이전의 한강은 수질을 보호한답시고 군데군데 철책이 쳐져 있어서 일반 사람들이 제대로 접근하기조차 어려운 곳이 많았다. 그렇다고 수질이 보호되는 것도 아니었다. 각종 생활하수와 공장 폐수들이 흘러들어 물고기도 살지 못하는 더러운 대형 하천에 불과했다. 그랬던 한강이었는데, 치수(治水)는 물론이고 200만 평이 넘는 고수부지가 푸른 잔디밭으로 바뀌어 모든 시민들이 즐길 수 있는 세계적인 휴식 공간으로 다시 태어난 것이다.

한강을 본뜬 하천 개발 사업이 그 이후 시간을 두고 전국적으로 확산되어 갔다. 이명박 시대에 추진했던 4대강 사업도 따지고 보면 그 유래가 한강종합개발계획의 성공에서 비롯된 것이었다. 지금은 강과 하천이 있는 곳이면 어디든지, 지방자치단체들이 경쟁적으로 주민들의 유용한 휴식 공간을 만들어 내고 있다. 올림픽이 안겨다 준 선물이다.

88 올림픽의 효과는 아무리 칭찬해도 과도하지 않다고 말할 정도다. 대차대조표나 손익계산서로 따질 수 없는, 국격(國格)을 올려놓은 거사였다고 해도 과언이 아니다.

필자가 31년 저널리스트로서 썼던 글 중에 88 서울 올림픽에 관한 기사가 가장 부끄러운 오보(誤報)였다. 올림픽을 고집스럽게 개최할 경우 나라를 망칠 것이라면서 줄기차게 반대하며 비판하는 기사를 써 댔는데, 나라를 망치기는커녕 대성공으로 치러 냈으니 말이다.

재벌 규제는 5공이 원조

국보위가 경제 분야에서 추진한 일 중에서 드물게 성공적이었다고 평가받을 수 있는 것은 단연 공정거래제도의 도입이라고 할 수 있다.

1980년 12월 23일, 럭키금성(LG의 전신)그룹의 중견 간부 이상이 모인 자리에서 강연을 하고 있던 KDI 수석연구위원 이규억 박사는 강연 말미에 쪽지를 전달받는다.

"여러분, 제가 오늘 설명드린 내용이 방금 국가보위입법회의를 통과했답니다."

다소 흥분된 강사의 말에 수강자들은 박수로 화답했다. 그때까지만 해도 용어 자체가 다소 생소했던 '공정거래제도'라는 것이 우여곡절 끝에 한국에 처음 도입되는 순간이었다.

군사정권이 공정거래제도를 도입하다니, 뜻밖이었다. 아이로니컬하게도 국보위 같은 초법적인 힘이 아니었으면 그처럼 후다닥 해치울 수 없었다.

당시에도 공정거래를 챙기는 제도는 형식적으로나마 운용되고 있었다. 경제기획원 물가관리실 안에 공정거래를 담당하는 조직이 있었다. 하지만 기업들이 눈도 깜짝하지 않는 종이호랑이에 불과했다. 1976년에 제정된「물가안정 및 공정거래에 관한 법률」은 어디까지나 물가 안정에 주안점을 둔 정부의 가격 규제를 위해 만들어진 것이었다. 성장 일변도의 경제정책 속에서 뿌리 내린 독과점 문제를 정면으로 다룬다든지, 소비자 편에 서서 경쟁을 촉진한다든지 하는, 진짜배기 공정거래정책은 엄두조차 내지 못했던 것이다. 필요성이야 일찌감치 제기되어 왔으나, 경제 형편상 씨도 안 먹혔다. 대기업을 키워 내는 것이 정부의 기본 정책이었는데, 그들의 독과점을 처벌하는 법을 만든다는 것은 현실적으로 생각할 수 없었다. 아무튼 외자 도입을 필두로 금융과 세제 등의 지원을 통해 오히려 정부가 독과점 현상을 조장해 왔다고도 할 수 있다. 일부 관료들 사이에서 독과점을 규제하기 위한 법 제정 움직임이 여러 차례 있었으나 부처 간의 갈등과 재벌들의 반대 로비에 걸려 번번이 실패했다.

박정희 말기, 성장 기조가 안정화 기조로 바뀌면서 다시 논의가 고개를 들었다. 1979년 4·17 경제안정화 조치를 계기로 정부 주도 경제가 아니라 시장경쟁 체제 확립을 주장하는 체질 개선론자들이 득세하면서 비로소 공정거래제도 도입을 위한 전담반이 만들어진 것이다.

　그러나 재벌 중심의 업계 이해관계가 첨예하게 얽혀 있을 뿐
아니라 정부의 규제 권한을 상당 부분 스스로 포기하게 만드는
이 일의 추진은 소걸음이었다. 기획원 내부에서조차 비현실적이
라며 반대 목소리가 높았다. 물가 관리를 담당하는 쪽에서 특히
강하게 반발했다.

　"공정거래제도의 본격적인 도입은 실정 모르는 백면서생의 어
설픈 주장이다. 규제 수단을 총동원해도 물가 잡기가 어려운 판
인데 정부가 나서서 독과점을 규제한답시고 경쟁 촉진을 운운하
면 물가정책은 어떻게 하란 말인가?"

　어느 날은 혈기 넘치는 젊은 기획원 관료들이 저녁 술자리에
서 공정거래제도 도입을 놓고 토론을 벌인 끝에 술잔이 날아가
는 해프닝이 벌어지기도 했다. 이런 내부 진통을 겪으면서 어렵사
리 초안이 만들어지기는 했으나, 또다시 업계의 로비에 밀려 국무
회의에 상정조차 못 한 채 좌초하고 만다. 실무자들의 좌절이 컸
다. 전담연구반까지 만들어 추진하라고 할 때는 언제고, 법안까지
만들어 놓았더니 장차관들이 보고조차 꺼렸던 것이다. 결국 차관
사인을 끝으로 이 보고서는 서랍 속으로 들어가고 만다. 그나마
'내부 결재'라는 단서를 첨부한 사인이었다. 성사도 되지 않을 일
을 외부에 발설해 공연한 말썽을 일으키지 않도록 기획원 안에서
만 연구했던 것으로 하자는 것이었다.

한편 정부와는 별도로 KDI는 독자적으로 공정거래제도 도입의 필요성을 연구해 왔고, 대통령에 대한 설명회 날짜까지 잡아 놓고 있었다. 그런데 10·26 사태가 일어났다. 이로써 그간의 노력은 죄다 수포로 돌아간 것으로 여겼다.

그러던 어느 날, 죽었던 공정거래제도가 국보위에서 살아나게 된다. 국보위에 파견 나가 있던 김재익이 전윤철 담당관을 불러 설명을 듣고서, 앉은 자리에서 국보위의 경제 분야 주요 프로젝트에 포함시켜 준 것이다. 무언가 개혁적인 작업을 찾고 있던 국보위의 당시 분위기로서는 입맛에 딱 맞는 메뉴였다. 별다른 어려움이 없었다. 브리핑 과정에서 "정부가 한쪽에서는 중공업 통폐합 작업을 벌이고 있는데, 이것이 공정거래제도 도입과 상충되는 것이 아닌가?" 하는 질문이 나온 것이 고작이었다. 정부가 지금까지 지나치게 개입해서 빚어진 부작용을 해소하기 위한 것이 바로 중공업 통폐합 작업이므로 오히려 공정거래 정신에 부합되는 셈이라고 받아넘겼다. 따지고 들자면 논리의 비약이라며 얼마든지 시빗거리가 될 수 있는 일이었다. 정부가 마음대로 개인 기업들을 떼었다 붙였다 하는 것이 중공업 통폐합의 핵심 작업이었으니 말이다. 기획원 실무자의 임기응변에 국보위 측은 아무도 이의를 제기하지 않았다. 기획원 실무자들은 신바람이 났다. 그동안 고생만 한 채 사장 위기에 빠졌던 공정거래법안이 생각지도 않게 군인들의 지지로 급진전을 기대할 수 있게 됐으니 말이다.

이 같은 움직임을 뒤늦게 알게 된 재계가 가만히 있을 리 없었다. 전경련 측은 법안 작성의 실무 책임자를 찾아가 장시간 언쟁을 벌였다. 서로 "자리를 걸고 저지하겠다", "해내고야 말겠다"며 험악한 분위기를 연출했다. KDI 쪽에서 공정거래제도 도입 프로젝트를 주관해 온 연구위원 이규억은 시안 작성에 참여하고 있다는 사실이 알려지면서 한밤중에 걸려 오는 협박 전화에 시달리기도 했다.

그러나 재계의 로비가 통하기에는 너무 늦었다. 관련 법률 제정 작업은 국보위의 힘을 배경으로 순조롭게 진행됐다. '독점 금지'를 '독점 규제'로 자구를 수정하는 정도였다. 국보위에서 기본 골격이 확정된 「독점규제 및 공정거래에 관한 법률」은 5공 출범과 함께 입법회의에 넘겨져 별다른 시비 없이 통과되었다. 마침 정권 출범의 첫 경제 사령탑인 신병현 부총리 역시 한눈팔지 않는 원칙론자였던 까닭에 신속히 밀어붙일 수 있었던 것이다.

공정거래위원회가 초기 단계부터 지금처럼 독립된 조직은 아니었다. 경제기획원장관 산하의 차관급 조직으로 시작했었다. 처음부터 독립시키면 신출내기 조직이 역할을 제대로 하지 못할 것을 우려해서였다. 사실 처음 해 보는 일이라 어려움이 많았다. 법이 생기고 기구가 만들어졌는데도 초기의 공정거래제도는 핵심 과제인 독점 규제와 경쟁 촉진 작업에는 근처에도 못 가고, 기업들의 광고 문구나 시비하는 정도에 급급했다. 그러나 시간이 지

나면서 국세청에 버금갈 정도로 재계가 무서워하는 '경제 포도청'
으로 커 나가게 된다.

전두환은 자신이 집권하고 나서 공정거래제도를 도입했다는
사실을 매우 자랑스러워 했다. 공정거래실 직원들을 청와대로 따
로 불러서 "기업들의 압력은 내가 막아 줄 테니 소신껏 하라"고
격려해 주기도 했다. 공정거래제도에 관한 법이 처음 생기고 그
법을 바탕으로 실무가 어떻게 돌아가는지는 사실 대통령의 관심
사가 아니었다. 하지만 그가 대통령으로서 재벌 규제에 얼마나 엄
격한지를 제도와 관계없이 항상 강조하고 싶어 했다. 호주머니에
넣고 다니다가 걸핏하면 꺼내 보는 것 중의 하나가 30대 재벌의
은행 빚과 매출액 등을 일목요연하게 정리한 표다. 장관들의 보
고를 듣다가도 수시로 그 표를 꺼내서 "그 기업은 빚이 많아서 안
돼" 하는 식으로 제동을 걸곤 했다. 재계 총수들과의 정치자금
수수는 그에게는 전혀 별도의 이야기였다.

어쨌든 공정거래제도는 국보위가 만들어 냈고, 전두환의 집권
중에 제도적인 면에서는 괄목상대로 급속하게 자리를 잡아 갔다.

그중에서도 상호출자 규제 조치는 재벌 규제 정책이 본격화되
어 가는 결정적인 사건이었다. 시동은 공정거래 쪽이 아니라, 증
권감독원장 박봉환이 걸었다. 증권감독원장 자리에 있으면서 재
벌의 계열기업 간에 얽혀 있는 상호출자 현황을 파악하게 된 그
는 이것을 제도적으로 막아야 한다고 판단한 것이다.

상호출자 문제는 일부 전공하는 학자들 사이에서 소위 재벌의 문어발식 확장을 막기 위한 바람직한 방책의 하나로 거론되어 왔을 뿐, 일반에게는 생소한 용어였다. 상호출자라는 것은 그룹 내 회사들끼리 서로 돈을 내서 별도의 회사를 차릴 수 있는 방법으로, 기업을 빨리 키우고 대형화하는 데는 매우 유용하지만, 재벌의 경제력 집중을 부추기는 결정적인 수단이었다. 그러나 상호출자를 규제할 경우 재계가 겪을 현실적인 충격이 워낙 클 것으로 예상되었기에 출범한 지 얼마 되지 않는 풋내기 관청인 공정거래위원회 차원에서는 엄두를 내지 못했다. 재계도 설마하고 아무런 대책이 없었다.

　박봉환은 은밀하게 부총리 겸 경제기획원장관 신병현에게 건의했다.

　"부총리, 우리 경제가 건전하게 발전하려면 재벌 문제를 해결해야 하지 않겠습니까."

　"무슨 방법이 있습니까?"

　"상호출자가 문제 해결의 키입니다. 재벌의 문어발 확장을 막으려면 상호출자 행위를 규제하면 된다니까요. 이번 정기국회에서 개정 상법에다 상호출자 규제 조항을 넣도록 하십시오."

　"좋습니다. 한번 추진해 봅시다."

　이렇게 해서 시작되었다.

　상호출자 규제가 포함된 상법 개정안이 국회에 제출되었다. 그러나 대기업들의 목줄을 조일 이 법의 개정 작업이 수월할 리 없었다. 막상 법 개정을 주도해야 할 법무부나 재무부 모두 소극적이었다. 재벌들의 집중 마크에 걸린 것이다. 박봉환은 아예 정부를 포기하고 개인 인맥을 통해 여당인 민정당 핵심부를 직접 파고들어 설득 작전을 폈고, 이것이 주효했다. 1984년 3월, 민정당이 상호출자 규제가 뭔지도 모른 채 이것이 포함된 상법 개정안을 통과시킨 것이다.

　그 이후 2라운드부터는 공정거래위가 나서서 본격적으로 상호출자 문제를 다루기 시작한다. 아무튼 국보위 시대에 싹이 튼 공제거래제도가 시간이 갈수록 뿌리를 내려 가게 된다.

노조를 민주화 세력으로 만들다

정치적 억압 속에서도 상대적으로 경제정책에 관한 한 오히려 지나치다 싶을 만큼 진취적인 정책들이 주류를 이뤘던 것은 전두환 시대의 특이한 점이었다. 그러나 두드러진 예외가 있었으니, 다름 아닌 노동정책이었다.

애당초 전두환 정권은 노동 분야를 경제정책의 대상으로 보지 않았다. 청와대 비서실의 업무 관장조차 노동문제는 경제수석 소관이 아니라 행정수석 소관이었다(노태우 정권에 가서 경제수석 소관으로 바뀌었다가 김영삼 정권에서는 다시 떨어져 나간다). 요컨대 노동운동에 대한 시각 자체가 학생운동과 함께 불순 세력 내지는 사회 저항 세력으로 단정했던 데서부터 출발했다. 따라서 노동문제는 어디까지나 정치 사회적 측면에서 다뤄졌고, 경제 관료들마저 당시의 임금 억제 정책 차원에서 노사 협조만 강조했을 뿐, 노조 입장에는 관심조차 기울이지 않았다.

전두환 정권의 노동정책이 어떻게 진행되었는지를 따져보기 위해서는 집권 초기로 거슬러 올라가야 한다.

첫 시작이 노동운동에 대한 강력한 탄압 조치였다. 1980년 8월 국보위가 노동청에 내린 '노동조합 정화지침'이 그것이다. 이 지침에 따라 전국의 노총 지부 107곳이 폐쇄되고 산별노조위원장 13명이 물러났다. 또한 노조 간부 약 200명이 자진사퇴 형식으로 해고당했다. 더구나 쫓겨난 노조 간부들 중 상당수가 삼청교육대로 끌려갔다. 여의도 노동청 건물 앞을 지날 때마다 자주 눈에 띄었던 노동자들의 항의 농성 장면도 더 이상 볼 수 없었다. 10·26 이후 우후죽순처럼 생겨났던 노동조합들이 '정화'라는 철퇴를 맞고 속절없이 무너진 것이다.

전혀 명분 없이 무작정 탄압한 것은 아니었다. 노조 부패가 심각했던 게 사실이었다.

노조 간부랍시고 자리를 차고 앉아 조합비 등을 유용하거나 착복하는 경우가 많았다. 해방 이후 아무도 손대지 않았던 노동조합 장부를 압수해서 노동귀족의 부정행위를 폭로한 것이다.

국보위 보사위원장을 맡아 노동계 정화 조치를 지휘했던 조영길의 말이다.

삼청교육대에 끌려가서 혼이 난 노동계 인사 중에는 억울하게 당한 사람들도 적지 않았다. 그러나 당시의 노조 간부들이 상당히 부패했던 게 사실이고, 그 규모가 결코 작지 않았다.

노동청 노정국 사무관으로 당시 국보위의 보사위원회 행정실장으로 파견 나갔던 문형남의 증언도 조영길의 설명을 뒷받침해 준다.

신군부는 노동조합의 비리와 부정을 내세워 탄압 일변도의 강력한 노동정책을 시작하게 된다. 정치적으로 귀와 입을 철저하게 봉쇄했을 뿐 아니라 경제적으로도 불황이 심각한 때였으므로 정부의 강경 대처는 일사천리로 먹혀들었다. 특히 사북탄광 사태의 후유증이 매우 심각했던 터라 조금이라도 시끄러우면 일단 잡아넣고 보는 분위기였다.

그러나 언제까지고 이처럼 초법적으로 대처할 수는 없었으므로, 전두환 대통령 취임 후 입법회의가 구성되면서 노동관계법의 새로운 틀을 만들기 시작했다. 처음부터 방향은 정해져 있었다. 당시 입법회의에 넘어오는 대부분의 정부 초안은 수정 불가능했다. 정부 초안이라는 것 자체가 각 부처의 담당 실무자가 만드는 게 아니라, 청와대로 불려 들어간 판검사들로 구성된 입법팀이 만든 것이었다. 심의 절차는 요식행위에 불과했다.

청와대로부터 넘어온 노동 관계 법안을 논의하기 위해 1980년 12월 조영길 등 5명의 초안심의위원회가 구성되었다. 당시 입법회의의 노동 관계 입법을 맡은 경제 제2위원회의 논의 과정을 지켜본 조영길 위원장의 말을 들어 보자.

이기백 운영위원장을 통해 받아 본 개정안은 독소조항이 너무 많았다. 그래서 소위에서는 10여 가지 항목에 대해 이의를 제기했다. 유니언 숍 제도의 폐지, 노사협의회 의무 설치 조항 등을 문제로 지적했다. 세 차례 소위원회를 거쳐서 집약된 내용을 이기백 위원장이 청와대에 보고했다.

다음 날 조영길은 청와대로부터 통지를 받았다.

청와대 입법팀의 판사인지 검사인지 하는 사람이 날 찾아와서 원안대로 통과시켜 달라고 말했다. 결국 그렇게 할 수밖에 없었다. 이미 결론이 나 있는 상태에서 심의는 절차와 모양만 갖추는 데 불과했다. 어떤 이의 제기도 개정법에 반영되지 않았다.

당시 보사부 산하의 노동청장까지 지낸 권중동의 증언은 더 구체적이다.

청와대가 노동관계법 개정안을 만든다고 해서 몇 차례 의견을 제시했으나 묵살당했다. 아예 노조와 노총을 없애 버려야 한다는 극언도 서슴지 않고 해 대는 마당이었으니 우리 의견이 먹혀들 리 없었다.

입법회의에는 당시 노총위원장인 정한주가 참여하고 있었으나 그 역시 들러리에 불과했다. 당시 노총 사무총장을 지낸 이용준의 기억이다.

하루는 정한주 위원장이 전화를 걸어 왔다. 오늘 입법회의 본회의에서 노동법 개정안이 통과되는데, 참석하기 싫다는 거다. 그런데 불참 의사가 알려지자 정부 내 인사가 불쾌한 반응을 보여 참석해야 한다는 것이다. 그래서 "참석은 하되 투표는 하지 말라"고 조언했다. "그래야 노동계 대표로서 그나마 저항했다는 표시라도 역사에 남을 것 아니냐"고 했다. 정 위원장은 그렇게 했다

노총에서도 가만히 있지는 않았다. 개정안에 대한 건의서를 냈으나 체면상 시늉을 해 본 것에 불과했다. 떠내려가는 노총 간판을 붙들고 있기도 버거운 상황이었다. 박정희 정권이 어느 날 무너지면서 그간의 탄압 속에 억눌렸던 노동운동이 용수철처럼 솟

구처 올랐고, 노동계에도 이제야 광명이 찾아오나 싶었다. 하지만 그 과정에서 빚어진 사북 사태와 같은 대형 분규들이 신군부로 하여금 더욱 강경한 노조 탄압 정책을 선택하게 하는 명분으로 작용했던 것이다.

그럼에도 불구하고 전두환 정권이 차관급 노동청을 노동부로 승격시킨 것은 당시 분위기로 봐서 지극히 아이러니컬한 일이었다. 5공화국의 노동관계법이 해방 이후 최악이라고 주장하는 사람들조차도 노동청을 노동부로 격상시킨 것은 경위야 어찌 되었든 간에 노동정책 차원에서 중요한 진일보로 인정하고 있으니 말이다. 이 일을 주도했던 조영길의 증언이다.

국보위 보사위원장으로 있을 때 전두환 상임위원장에게 브리핑을 하면서 노동청의 노동부 승격을 강조했다. 산업사회로 접어들면서 노동문제가 더욱 중요해질 텐데, 주관 부서의 장이 국무회의에도 참석하지 못한다는 것은 말이 안 된다는 논리를 폈다. 설명을 듣던 전 위원장은 의외로 쉽게 고개를 끄덕였다.

초대 노동부장관을 지낸 권중동도 당시 권위적인 밀어붙이기가 아니었다면 노동부 승격은 한동안 힘들었을 것이라고 말했다.

사실 박정희 시대에서도 노동부 승격의 필요성이 계속 제기되어 왔었다. 그러나 박 대통령의 성장 우선 정책과 함께 재계의 반대 로비에 걸려 실현되지 못했다. 5공의 집권 초기의 어수선할 때였기에 후다닥 해치울 수 있었지, 재계와의 교감이 좀 더 긴밀해진 뒤였으면 그처럼 단번에 노동부 승격이 이뤄지지 않았을 거다.

전두환은 나름대로 정치적 판단과 포석이 있었다. 대통령 취임 후 처음 맞는 근로자의 날(1981년 3월), 세종문화회관에서 열린 리셉션에 참석한 전두환은 즉흥연설을 통해 노동부 승격을 밝히면서 박수를 받았다. 신임 대통령으로서 노동계에 대한 정부의 배려와 관심이 그만큼 높다는 점을 적시에 천명한 셈이다.

그러나 소관 부처만 격상되면 뭘 하나? 법과 제도가 더 탄압을 심화시켰으니 말이다. 노동정책의 사령탑이 국무위원으로 승격되었건만 노동계에는 오히려 찬바람이 더욱 세차게 몰아쳤다. 바뀐 노동법에 따라서 단위노조가 꼼짝달싹도 못 하게 되어 버린 것이다. 국영기업뿐 아니라 민간기업도 방위산업체까지도 쟁의행위가 금지되었고, 냉각기간도 박정희의 유신 시대보다 늘어나서 사실상 쟁의행위가 불가능해졌다. '제3자 개입 금지' 조항이 새로 생겨서 심지어 노총이나 산별노조조차도 단위기업의 노조 활동에 일체 관여하지 못하게 되었다. 게다가 행정관청에 단체협

약 내용의 변경권이 주어져(「노동조합법」 제34조), 노조는 이래저래 고립무원에 빠졌다. 노조의 결성 자체가 현실적으로 어려웠다.

도대체 전두환 정권의 노동정책에 대한 기본 입장이 무엇이었길래 노조를 이처럼 숨도 쉬지 못하게 몰아붙였던 것일까? 국보위 때부터 실무 라인의 핵심에 있었던 문형남의 증언이 당시의 상황을 요약해 준다.

> 노조의 부패가 심각했던 것은 사실이었으나, 정부 차원에서 이를 다스릴 제도적 장치가 없었던 것도 아니었다. 법이 정한 절차에 따라 노조를 대상으로 업무검사권을 발동해서 부패 문제를 처리하면 되는 일이었다. 그런데 신군부 생각은 그렇지 않았다. 경찰이나 정보기관 정보를 통해 누구누구가 나쁜지를 뻔히 알고 있는 판에, 그들을 솎아 내서 재깍재깍 잡아넣고 삼청교육대로 보내면 되는 것 아니냐는 식이었다. 죄가 확실한데 귀찮고 성가시게 무슨 조사나 절차가 필요하냐는 것이었다. 이런 공포 분위기 속에서 어떤 반대 목소리도 용납될 수 없었다. 결국 무리한 처리 방식이 두고두고 심각한 후유증을 빚어낸 것이다.

행정 경험이 없는 군인들이 권력을 손아귀에 거머쥐고 최소한의 법적 절차도 무시한 채 마구 칼을 휘둘렀다. 문형남은 더 본질적인 문제에 대해 증언한다.

> 신군부는 기본적으로 노동운동이 조직화, 세력화하는 것
> 에 엄청난 거부감을 갖고 있었다. 심각한 정권 도전 세력이자
> 사회 혼란 세력이라고 단정하고 이들이 조직화하는 것은 철
> 저하게 봉쇄해야 한다고 판단했다. 조직화는 막되 그 대신
> 개별 노동자의 권익 신장에는 정부가 적극 지원한다고 해서
> 만든 것이 노사협의회 제도다. 시간외수당을 대폭 개선한 것
> 도 그런 맥락에서다.

요약하자면, 노조 활동은 철저히 봉쇄하고 기업 단위로 개인의 근로조건을 개선해 나가는 것이 전두환 정권의 노동정책 기본 노선이었던 셈이다.

노동조합에 대한 심한 탄압 속에 노조 조직률은 점점 떨어졌다. 한편으로는 노동운동 세력과 민주화운동을 주도했던 학생 세력의 강력한 연대가 형성되어 갔다. 가혹한 노동 탄압은 결국 노동운동의 지하화를 불러왔으며, 이 문제에 관해 언론 역시 모르쇠로 일관하는 것이 관례로 통했다. 기자들이 간혹 분규 현장을 취재하러 갔다가 시위중인 노동자들로부터 "쓰지도 못하는 주제에 뭣 하러 왔느냐"고 봉변당하기 일쑤였다. 탄압과 감시가 심해질수록 노조의 지하화 현상은 더 넓고 깊게 번져 나갔다.

노동운동이 노동자의 순수한 권익 보호 차원을 벗어나 이데 올로기적 정치투쟁 양상을 띠기 시작한 것은 박정희의 유신 말기인 1970년대 후반에 들어오면서부터였다. 이미 기름이 뿌려지기 시작했던 것이다. 전두환 정권에 들어오면서 '탄압'이 여기에 불을 질렀다. 탄압의 강도보다 누르면 누를수록 튀어 오르는 용수철 효과가 더 컸다. 노동부 일각에선 집권 중반기에 이르러 "경제도 호전되고 있으니 기존의 법을 일부 고쳐서 노동조합에 대한 규제를 단계적으로 완화해 나가자"는 의견이 나왔으나, 청와대의 검찰 출신, 군 출신 강경파들에 의해 간단히 묵살당했다.

그렇다고 해서 노동문제를 모두 군인 탓으로 돌리는 것도 무리다. 전두환 정권의 기본 경제정책이 물가 안정에 올인했었고, 그 안에는 강력한 임금 억제가 포함되어 있었다. 물론 인플레의 악순환을 끊어 내는 과정에서 임금 억제가 큰 역할을 한 것을 누구도 부인하지 못한다. 그러나 노동문제와 관련해서는 정부의 강압적인 임금 억제 정책이 커다란 짐으로 작용했던 점 역시 부인할 수 없을 것이다.

노동정책을 수정할 기회는 여러 번 있었다. 1982년, 오르기만 하던 유가가 내림세로 돌아서고, 심각하던 불황도 어느 정도 회복 조짐을 보였다. 이때 정부는 제5차 5개년계획에 대한 전면적인 수정 작업에 착수했었다. 오를 것으로 예상했던 유가가 내림세로 돌아섰으므로 당연히 모든 전망치나 계획치를 보다 낙관적으로 고쳐 잡아야 했다. 탄압 일변도의 노동정책을 바로잡을 수 있었던 절호의 기회였다. 정부 일각에서도 그런 목소리가 있었으나 여전히 노동의 '노'자만 나와도 외면했다.

3저 호황이 본격화된 1986년에 들어오면서 또다시 그럴 기회가 왔다. 경제기획원을 중심으로 기획국장 강봉균 등 실무자들 사이에서 노동법에 대한 최소한의 개정 필요성이 뒤늦게나마 제기되었으나 청와대 쪽의 냉담한 반응으로 간단히 무산되었다. 경기는 단군 이래의 최대 호황을 구가하면서도 곪아 들어가고 있는 노동문제의 심각성은 아무도 챙기지 않았다. 유능하다는 관료들이 그렇게 많았는데도 말이다. 결국 그것들이 쌓이고 쌓이면서 1987년 6·29 선언 이후 엄청난 노사분규 사태를 불러오게 되는 것이다.

> 노동문제를 제대로 대처하지 못했던 점은 솔직히 아쉬운 점이 많다. 기본적으로 경제 쪽에서는 챙기는 데 한계가 있었다. 5공 정부 내내 노동문제는 경제문제가 아니라 정치 사회적 관점에서 다뤄 왔었다.

전두환 경제의 후반을 이끌었던 경제수석 사공일도 노동정책에 관해서는 어쩌지 못했다. 노동문제를 관장하는 노동부와 보건사회부는 경제수석 소관이 아니라 정무2수석 소관이었다. 따라서 노사분규가 발생하면 경제문제로 접근하는 게 아니라 어디까지나 사회 안정, 정권 안보 차원에서 다뤘다. 청와대가 챙기는 것도 경찰 병력이 얼마나 투입되었으며 치안 차원에서 무엇이 문제였는지 등에 초점이 맞춰졌다. 경제 대통령을 자임했던 전두환도 노사문제에 대해서만은 경제적 시각으로 접근하지 않았다.

이것을 교훈 삼아, 전두환·노태우 두 정권에 걸쳐 재무장관으로서 경제정책의 인수인계 역할을 맡았던 사공일은 노태우 정권에 넘어오면서 노동문제를 경제수석 소관으로 옮기는 일부터 했다. 그랬던 것이 훗날 다시 뒤집어지고 만다.

전두환 정권의 노동정책 실패는 집권 중에 이룩한 물가 안정 등 여러 업적들을 무색하게 만들 만큼 심각한 후유증을 두고두고 남겼다. 오늘날 노동운동이 마치 민주화운동의 동의어처럼 된 것이 바로 전두환 정권의 잘못된 노동운동 탄압 정책의 부작용에서 비롯된 것이기 때문이다. 특히 오늘의 한국경제가 극복하지 못하고 있는 가장 심각한 질곡이 노동문제라고 한다면, 전두환의 노동정책은 원초적 원인 제공자라는 비판을 면할 수 없을 것이다. 정치 경제적 상황에 맞춰서 노동문제에 어느 정도의 유연성만 보였더라도 오늘날의 노동운동이 이처럼 과격해지지는 않았을 것이다. 또한 정치화되지도 않았을 것이다. 가혹한 탄압 정책은 노동운동 세력을 지하화로 몰았고, 학생운동 세력과 함께 생존의 길을 모색하는 과정에서 어느 날부터 민주화운동의 중심에 우뚝 서게 했다. 그리하여 오늘날까지도 민노총은 초법적인 권능을 구가하며 정부 위에 군림하는 소위 민주화 세력의 실체를 자임하게 된 것이다. 그 연원을 거슬러 올라가자면 전두환 시대에 저질러진 노동정책의 과오에서 비롯된 것이라 할 수 있다.

'노조가 당선시켜 준 대통령' 노무현 정부의 노동부장관 김대환이 재임 중에 한 말이 주목할 만하다.

"노조가 왜 민주화 세력인가?"

가장 확실한 투자, 정치자금

2천 쪽 가까운 전두환의 회고록이 자신의 집권 중의 정치자금 문제에 관해 대강이라도 고백하면서 참회의 모습을 비쳤더라면 사정은 달라졌을 것이다. 유감스럽게도 그런 이야기는 한 마디도 없다. 하긴 전두환만의 일은 아니다. 김대중·김영삼 등 민주 투사들을 포함해서 역대 대통령 누구도 회고록에서 돈 문제를 고백한 이는 없었다.

원래 정치자금 수수는 시대를 막론하고 암거래에 속한다. 당사자들이 자백하지 않고서는 알 수 없는 것이다. 더구나 30~40년 전에 통상적으로 일어났던 정치자금 문제를 지금의 잣대로 평가하는 것은 불가능하며, 별 의미도 없다. 그럼에도 불구하고 전두환 정권의 돈 문제가 유난히 관심을 끄는 것은 통상적 정치자금 수수 차원을 넘어서 수없이 터진 경제 사건들이 정치문제로까지 비화되는 경우가 많았기 때문이다. 걸핏하면 경제 사건이 터질 때마다 권력형 비리였고, 유난히 친인척들이 끼어드는 바람에 정치와 경제의 유착관계를 더욱 지저분하게 얽히게 만들었다.

정치자금을 둘러싼 정경유착의 내막을 낱낱이 파헤치는 것은 매우 어려운 일이다. 윤리적 책임이나 형사적 처벌 여부를 떠나서 한 시대의 정치적 리더십과 정치자금 조달이 어떠한 관계였는지가 궁금한 것이다.

박정희 시대에도 전두환 시대에도, 그리고 그 이후에 전개된 민주화 시대에서까지도 정치인들이 필요로 하는 돈, 이른바 정치자금은 대부분 기업으로부터 조달되어 왔다. 개발독재를 통해 국가를 통치해 온 어느 나라에서나 통하는 공통점이다. 하지만 정경유착과 부패가 꼭 동의어는 아닌 것 같다. 사회가 발전해 감에 따라 부패가 줄어드는 것은 상식에 속한다. 전반적 부패의 정도는 이승만 시대 때보다는 박정희 시대, 박정희 시대보다는 전두환 시대가 전반적으로 나아졌다고 봐야 할 것이다. 그러나 정경유착의 정도 역시 그랬느냐는 별도의 이야기다. 설사 정치자금 면에서 기업들과의 유착관계가 더 심했다 하더라도 대통령을 중심으로 집권 세력들이 좀 더 노련하게, 세련되게 돈 문제를 해결해 나갔다면 그에 따른 부작용이 훨씬 덜하게 나타날 수 있었다는 이야기다.

어떻든 전두환은 박정희에 비해 돈 다루는 솜씨가 뒤졌던 것 같다. 본인 나름으로는 전임자의 시행착오를 철저하게 참고하고 자신은 그런 과오를 범하지 않으려고 무던히 애를 썼음에도 불구하고 결국 권좌에서 물러나자 감옥까지 가고 말았으니 말이다.

시작은 거창했다. 5공화국 정부가 출범하면서 신군부는 정권 장악의 정당성을 입증해 보이기 위해서라도 과거 정부에 비해 더 깨끗하고 도덕적인 정치를 보여 줘야 했다. 박정희 시대의 정경유착을 말끔히 걷어 낼 것을 약속했고, '정의사회 구현'이라는 캐치프레이즈를 내건 것도 그런 맥락에서였다. 군부는 '이슬 같은 청렴 정치'를 장담했다. 사회정화위원회를 만들어 부정부패 일소에 나섰고 일벌백계를 다짐했다. 그러나 세간의 사람들은 아무도 신군부의 청렴 정치 약속을 믿지 않았다. 한 발짝을 움직여도 돈이 든다는 한국 정치의 현실을 신군부의 중심인물들은 이미 잘 알고 있었으며, 이들 스스로가 한국 군대의 부패 역사 속에서 성장해 온 인물들이었다.

청와대가 되었든 국무총리실이 되었든, 예산이 책정한 돈으로 그 많은 경비를 감당할 수 없다는 사실을 신군부가 깨닫는 데는 오래 걸리지 않았다. 정치자금으로 포장된 돈이든, 노골적으로 찔러 주는 뇌물이든, 또는 외상 술값을 영수증 처리해 주는 방식이 되었든 간에, 근본적인 경비 조달 방법은 박정희 시대와 다를 바가 없었다. 개혁 작업의 감시 역할을 맡은 정보기관 자신부터가 한국사회의 한복판에 서 있어 왔는데, 근본적인 변화를 기대하는 것 자체가 어리석은 일이었다.

사실 어찌 보면 웬만한 부패는 우리 사회의 일부이기도 했다. 여러 가지를 생각게 하는 실화 하나를 소개한다.

오늘날 한국 금융계를 대표하는 S은행의 창립자 이모 회장은 어느 날 전두환 국보위 상임위원장 겸 중앙정보부장 겸 보안사령관을 찾아갔다. 봉투 하나를 건넸다.

"나라를 이끌어 나가시려면 얼마나 어려운 점이 많으시겠습니까. 이것 5천만 원밖에 안 됩니다만, 성의로 알고 보태 쓰십시오."

"어려움을 이해해 주니 고맙습니다. 요긴하게 쓰겠습니다. 사실 여기저기 돈 들어가는 일이 너무 많아요. 말이 났으니 말이지, 모두가 나라를 위해서 하는 일인데, 오히려 재벌들은 아주 짭니다. 우리나라 재벌들, 문제가 많습니다."

물론 이 기업인이 공돈을 줬을 리 없다. 사정 바람이 한창 불어닥칠 때였는데, 이 회장이 대주주로 있던 단자회사는 한 사람도 다치지 않았다. 전두환은 두고두고 이 회장을 칭찬했다. 그런 가운데서도 정의사회 구현이라는 이름 아래 말끝마다 청렴 정치를 강조했다.

대통령 취임 이후에도 전두환은 정치자금과 관련된 정경유착 문제에 대해서 자주 경계심을 표명했다. 불행한 최후를 마친 전임 대통령이 도덕적으로 매도당하는 당시의 분위기에 대한 반사적인 태도이기도 했다. 전임자의 18년 장기 집권 과정에서 누적되어 온 부패의 실상을 공개적으로 까발리고 드러내는 작업 자체가 새 집권자로서는 국민들의 지지를 끌어 모을 수 있다고 판단했던 것이다.

집권 초기 청와대 경제수석실 비서관을 지냈던 박유광의 증언이다.

대통령을 찾아오는 재벌 총수의 동향이나 아니면 업계의 이해관계가 첨예하게 얽힌 주요 사업이 어떻게 추진되는지 등을 보면 정권과 재계의 관계를 짐작할 수 있는 법이다. 그런데 5공 초기에는 그야말로 지나칠 정도로 깨끗했다. 물론 재벌이 가져다주는 의례적인 정치자금이야 받았을지 모르겠다. 그러나 청와대 살림을 꾸려 가는 것을 본다든지 정책을 펴는 분위기로 봐서는 도대체 저런 식으로 하면서 다가오는 선거를 어떻게 치르겠다는 것인지가 의심스러울 정도였다.

또 다른 비서관의 회고다.

아래 실무 직원이 배정된 공식 예산으로는 도저히 일을 꾸려 나갈 수 없다고 애로 사항을 여러 차례 말하기에 하루는 대통령에게 직접 사정을 설명하고 개인적으로라도 대책을 강구해 줄 것을 요청했다. 그랬더니 대통령의 대답인즉, "돈 문제는 어떻게 해서라도 내가 해결할 테니, 절대 딴 데다가는 손 벌리지 말아야 한다"고 했고, 이내 금일봉이 내려왔다.

이 같은 분위기는 어디까지나 집권 초기까지만이었다. 시간이 지나면서 정치에 돈이 필요함을 절실하게 깨닫게 되었고, 청와대에 가만히 앉아 있어도 기업들이 사정에 따라서 앞을 다투어 가져온다는 사실을 이들 역시 몰랐을 리 없다.

그렇다면 전두환 집권하에 기업 활동과 관련해서 정치자금이 어떻게 오갔을까? 권력의 핵심들은 어떤 식으로 자금을 조달했으며, 기업들은 그에 대한 반대급부를 어떻게 챙겼을까? 재무장관과 경제부총리를 지낸 김만제의 회고를 들어 보자.

박정희 시대에는 경제장관들이 자리에 따라 정치자금 조달에 직접 일익을 담당하기도 했다. 전두환 시대에 들어와서는 전혀 그러지 못했다. 정치자금에 관한 한 청와대가 직접 챙겼고, 여당인 민정당 차원에서 움직이는 돈에 대해서는 부처 장관들이 더더욱 몰랐다. 대강의 흐름이야 짐작할 수는 있었다. 예컨대 1984년 선거 준비를 계기로 5공 정권의 청렴도가 눈에 띄게 약화되기 시작했다든지, 또는 기업들 간의 이해관계가 첨예하게 맞서는 문제가 결말이 나는 과정을 통해 어떤 기업이 어떤 루트를 뚫었구나 하는 정도는 짐작할 수 있었다.

박정희 때와는 달리 전두환은 정치자금 수수 창구를 자신한테로 일원화시켰다. 가까운 측근도 돈에 관한 한 배제하고 직접 챙겼다. 박정희가 경호실장 차지철에게 대통령 비자금 관리를 맡겼던 것과는 전혀 달랐다. 이른바 배달사고가 난다든지, 중간에 떡고물이 여기저기 흩어져서 생겨날 수 있는 부작용을 원천봉쇄한 것이다. 따라서 전두환이 집권 중에 얼마만큼의 돈을 거뒀는지는 알 수 없는 일이다. 재판 과정에서 드러난 숫자가 있기는 하지만, 실제 규모가 얼마였는지 누가 알겠는가. 아마 자신도 몰랐을 것이다.

관료들의 돈 개입이 박정희 정권보다 상대적으로 줄어든 것은 사실이었다. 물론 관료 부패는 그것대로 여전했다. 다만, 정치자금 조달에 개입이 덜했다는 것이다. 기업 입장에서는 청와대에 통치자금이라는 거창한 이름을 붙여서 가져다 바치는 돈이나, 관료들에게 잘 봐달라고 떡값이라는 이름 아래 뇌물을 주는 게 다를 바 없었다. 다만, 청와대로 가는 돈은 단위가 컸는데, 그도 그럴 것이 청와대에서 일단 승부를 내 버리면 나머지 과정은 일사천리로 진행되었으니까.

김만제는 부총리 시절을 회고하면서 더욱 구체적인 실례를 털어놓았다.

기업 로비의 유형은 두 가지로 나뉜다. 첫째 유형은 현대

그룹이나 한진그룹처럼 청와대를 직접 상대한 다음에 위에서부터 찍어 누르는 스타일이 있는가 하면, 대우그룹이나 삼성그룹처럼 정부의 실무자급에서부터 시작해서 올라가는 식이 있었다. 청와대에 내는 돈의 액수가 정해져 있는 것은 아니나, 10대 재벌쯤 되면 대체로 30억 원이 공정가격으로 통했다. 많은 경우 50억 원을 내는 기업도 있었다. 아무튼 높은 데서 꼭 먼저 돈을 요구해서 기업이 돈을 가져가는 것은 아니다. 분위기를 봐서 알아서 내는가 하면, 기업들 스스로가 자기네 필요에 의해 자발적으로 바치는 경우도 있었다.

돈 보따리가 크다고 해서 무작정 소기의 목적이 달성되는 건 아니었다. 돈이 오가는 통상적인 채널을 제대로 알고 있어야 할 뿐 아니라, 어느 정도 명분도 있고 최소한의 요령도 있어야 한다. 부실경영으로 결국 쫓겨난 대한선주 사장 윤석조는 급한 나머지 현찰 50억 원을 싸들고 영부인 이순자를 만나러 청와대로 찾아갔다. 영부인이 주도하는 새세대심장재단에 성금을 내면 의당 선처해 줄 것이라고 기대했던 것이다.

헛다리를 짚었다. 그 정도 성금을 내면 특별히 챙겨 줄 것으로 생각했는데, 그저 고맙다는 인사말과 함께 비서를 시켜서 써 주는 영수증 한 장만 달랑 받아 가지고 나온 것으로 끝이었다. 허망했다.

생돈 50억 원만 날리고 아무 소득도 올리지 못한 윤석조의 넋
두리였다.

돈이 오가는 주된 채널은 대통령과 재벌 총수의 독대 자리였
다. 보안 문제를 걱정할 필요가 없고, 모양새도 괜찮았다. 최고통
치자와 대기업 오너가 만나서 대화하는 것이 자연스럽게 비칠 수
도 있었다.

기업이 내는 정치자금이라는 것도 여러 종류다. 대통령이나 영
부인 또는 거물 정치인이 자기 호주머니 돈처럼 마음대로 쓸 수
있는 돈이 있는가 하면, 어떤 돈은 꼬리표가 붙어 공개적인 자금
으로 쓰이는 경우도 적지 않다. 각종 성금 형태로 내는 것이 주로
후자의 경우다. 그러나 말이 좋아 성금이지, 기업 입장에서는 세
금이나 전혀 다를 바 없다. 정부가 특정 성금을 조성하면서 기업
별로 내야 할 돈을 배정하면 해당 기업들은 내지 않고서는 배길
재간이 없으니 말이다. 박정희 시대의 새마을 성금이나 전두환 시
대의 새세대심장재단 기부금 등이 그러한 예들이다. 기업들은 이
런 성금이 생길 때마다 눈도장을 찍느라 눈치 싸움 속에 다투어
마음에도 없는 성금 내기 경쟁을 벌여야 했다. 국제그룹의 양정
모 회장 측이 주장하는 바가 바로 여기서 기대 이하의 금액을 적
어 내는 바람에 미움을 샀다는 것이다.

일해재단(지금의 세종연구소) 성금은 최악의 경우였다. 1983년 12월 출범 초기, 23억 원의 성금을 모을 때까지는 아무런 문제가 없었다. 그랬던 것이 시간이 가면서 기업들 팔을 비틀기 시작했다. 청와대 경호실이 나서서 어음이라도 내라면서 기업들을 압박했다. 필요한 땅은 현대로부터 돈 한 푼 주지 않고서 빼앗았다. 아웅산 희생자 유족을 돕겠다는 당초의 재단 설립 목적을 완전히 벗어나서 정부가 기업을 상대로 벌인 강제 출연이나 성금은 전두환 정권이 기업에 대한 태도가 어떠했는지를 여실히 보여 주는 케이스였다.

어찌해서 이처럼 무모한 일을 저질렀을까? 이들의 머릿속 한 구석 깊이는 이런 생각이 자리 잡고 있었다. "당신들은 그동안 돈을 어떻게 벌었느냐? 더구나 앞으로도 우리의 도움 없이는 돈벌이를 할 수 없는 것 아니냐. 그러니 우리가 필요한 돈, 그것도 사회적으로 명분 있는 사업에 돈 좀 내라는 것은 당연한 것 아니냐"는 식이었다. 조폭과 다를 바 없었다. 아무리 억울해도 기업을 포기하지 않는 다음에야 이를 거스를 사람은 없었다. 정부가 어떤 요구를 하든 흔쾌히 받아들이고, 그 대신 반대급부를 최대한 보장받는 편이 기업으로서는 현명한 전략이었다.

현대 회장 정주영은 자서전『이 땅에 태어나서』에서 국회 일해재단 청문회와 관련해 밝혔던 소회를 솔직하게 적고 있다(311쪽). 한국의 정치와 기업의 관계를 극명하게 설명해 주고 있어 인용한다.

일해재단에 돈을 낸 것이 떳떳한 일이었느냐는 (국회의원들의) 질타가 있었다. 나는 그 당시 상황에서 기업을 파산시켰어야 했느냐고 (국회의원들에게) 되물었다. 다른 정치자금으로 얼마나 냈느냐는 질문도 받았다. 나는 둘째가라면 서러울 정도로 정치자금을 많이 낸 사람이다. 내가 내고 싶어서 낸 것도 있지만 내야 할 것 같아서 낸 것도 많고, 안 내면 혼날 것 같은 눈치라 내기도 했고, 노골적으로 내라고 해서 내기도 했다. 정치인이나 통치자들의 활동 지원 차원의 순수한 의미의 정치자금도 있었고, '현대'의 생존을 위해 사발로 겨자 먹는 것처럼 괴로워하면서 낸 뭉칫돈도 있었다. 정치자금을 누구에게 얼마를 주었는가를 질문할 게 아니라, 정치자금을 내고 어떤 이권을 받았는가를 물어야 한다.

5공 청문회에 불려 온 기업인들은 뒤늦게나마 참아 왔던 울분을 터뜨렸다. 하지만 청문회를 통해 드러난 것은 빙산의 일각이다. 정치자금 문제는 앞서도 언급했지만 지하경제의 일부다. 그 규모나 내용이 제대로 파악되면 이미 지하경제라고 할 수 없듯이, 그 실체를 정확히 규명해 내는 것은 불가능하다. 일부 드러난 단편들을 끼워 맞춰 나가면서 큰 흐름의 변화를 파악해 나갈 뿐이다.

다만 한 가지 분명한 것은, 정치자금은 그 수혜자가 정치인만이 아니라는 사실이다. 청문회에 증인으로 출석한 기업들이 하나같이 정치자금을 갹출당한 피해자라면서 과거의 역사에 돌을 던졌으나, 정치자금이란 그들에게도 유익하고 편리한 존재였음을 부인할 수 없을 것이다. 정치자금이란 기업 입장에서는 반대급부가 가장 확실한 투자였다. 정치적으로 불안할수록, 미래에 대한 불확실성이 클수록 정치자금은 기업에게 가장 효과적인 안전판이요 보험인 것이다. 전두환 정권에서는 특히 그랬다.

상대적으로 그 공식이 제대로 작동하지 않았던 시대가 바로 다음 정권인 노태우 정권 때였다. 분명 상당 금액의 정치자금을 직접 대통령에게 전달했음에도 불구하고 아무 반대급부가 없는 일도 적지 않았다. 기업으로서는 정치자금의 '효율'이 상대적으로 많이 떨어졌던 시대였다.

쌀 파동, 소 파동

전두환 경제를 논하는데 농업 분야 이야기는 별것이 없었는가?
천만의 말씀이다. 전두환이 집권 당시 가장 시급한 발등의 불을
꼽으라면 단연 농업 문제였다. 인플레도 아니었고, 수출 부진도
아니었다. 다름 아닌 쌀 문제였다. 1979년 '노풍'이라는 다수확
품종의 쌀이 병충해에 약해 유례없는 흉년이 들었던 것이다. 쌀
농사의 대흉년으로 시작한 전두환 정권은 부족한 쌀을 수입해서
감당하느라 여러모로 애를 먹어야 했다.

식량 자급이 절박한 과제였던 40여 년 전의 상황을 지금의 젊
은 세대는 짐작조차 하기 힘들 것이다. 전국의 쌀 창고는 재고가
바닥난 경우가 적지 않았고, 일부 지역에서는 군량미(군대 보유미)
까지 방출하는 사태가 벌어졌다. 단순한 경제문제가 아니라 최대
의 정치 현안이었다. 쌀값이 폭등하고 불안심리가 가중되었음은
물론이다. 청와대에 보고된 쌀 재고 현황은 이듬해 4월까지 버틸

수 있다고 했다. 국가적 비상사태였다.

별의별 소동이 다 벌어졌다. 대통령 특별지시로 '양곡 수송'이라고 써 붙인 화물 트럭을 동원해 서울 시내를 빙빙 돌게 하는 일도 있었다. 서울 시내는 트럭 통행이 금지되었음에도 '쌀이 충분하다'는 것을 보여 주기 위한 민심 수습용 운행이었다. 이런 일도 있었다. 수입 쌀이 인천항으로 들어오니까 경기 지방에서 도정하는 게 당연한데도 일부러 남부 지방으로 보내서 도정을 한 뒤에 다시 서울로 올라오게 했다. 쌀 트럭이 도처에 왔다갔다 하는 것을 보이기 위해서였다.

당시 정부 공식 통계 기준으로 쌀 평년작은 3,800만 섬 수준. 당초 예상으로는 잘하면 4천만 섬까지도 욕심을 냈었다. 그런데 1980년의 실제 쌀 생산은 2,466만 섬이었다. 그나마 그해 11월에 수확량을 발표하던 전례를 깨고 쉬쉬하면서 이듬해 3월에야 발표했다. 대흉작은 가뜩이나 흉흉해진 민심을 뿌리째 흔들고 있었으므로 신군부도 부족한 쌀을 어떻게 조달할지 안절부절이었다. 대통령 특명을 받은 경제수석이 지휘봉을 잡고 나섰으나 달리 뾰족한 수가 없었다. 탁월한 경제이론이 필요한 게 아니라, 누구라도 부족한 쌀을 하루빨리 구해 오는 일이 시급했다.

어디서 무슨 쌀을 사 오느냐도 문제였으나 당장 얼마나 부족한지를 알지 못했다. 쌀 통계부터 엉터리였기 때문이다. 1980년 추정 생산량을 놓고 정부 안에서 판단이 달랐다. 주무부서인 농수산부는 생산량을 2,700만 섬(목표량 4,200만 섬)으로 추정하고, 따라서 1,116만 섬 정도만 수입하면 충분할 것이라는 계산이었다. 그러나 청와대와 경제기획원은 농수산부의 통계를 믿지 않았다. 그럴 만도 했다. 1978년도의 쌀 통계 4,025만 섬을 놓고 정부는 단군 이래 최초로 4천만 섬 돌파라며 요란을 떨었으나, 그 이듬해 쌀이 부족해 미국, 일본으로 허겁지겁 쌀 사러 다니느라 부산을 떨었으니 말이다. 결국 청와대는 농수산부가 제시한 것보다 300만 섬을 더 늘려서 수입하는 것으로 결론지었다. 여기에다 미국이 더 많이 사 가라고 압력을 넣는 바람에 실제로 농수산부가 예상했던 것보다 무려 800만 섬을 더 수입하게 된다. 이 같은 과다 수입은 두고두고 재고 부담으로 남아 골치를 썩이게 된다.

따라서 전두환 정권은 집권 초부터 식량 자급이 절대적 명제로 자리매김했고, 역대 농수산부장관은 예외 없이 식량 증산에 최우선순위를 두고 매달려야 했다. 농수산부장관은 넥타이를 매는 날이 없었다. 대통령이 입버릇처럼 현장 행정을 챙겼기 때문이다. 다른 분야에서 이러쿵저러쿵 활발하게 진행되었던 시장경쟁 원리라든지 개방화 등의 논의는 농업 분야에 관한 한 해당되지 않았다.

결과적으로 쌀 증산 정책은 성공했다. 쌀농사는 연속 풍년을 기록했고, 오히려 생산은 늘고 소비는 줄어드는 바람에 쌀이 남아도는 시대로 접어들게 된 것이다. 당시의 쌀 소비량은 지금보다 2배가 훨씬 넘었다.

쌀 파동이 수그러들자 그다음을 이은 것이 소 파동이었다. 소 파동은 무엇이며, 왜 문제가 되었을까?

당시로서도 농업이나 농촌의 장래를 걱정하는 소리가 어찌 없었겠는가? 주곡 자립도 중요하지만 생산성이 낮은 벼농사 의존도를 낮추고 다른 대안을 강구해야 한다는 지적이 전부터 있어왔다. 구조조정은 비단 공업 분야에서만 필요한 게 아니라 농업 분야에서도 절실하다는 반성이다.

돌이켜 보면 전임 박정희가 피나는 노력으로 다수확 품종 개발에 성공함으로써 쌀 증산의 기반은 이미 닦여 있는 셈이었다. 1979년의 대흉작은 병충해 피해로 일시적인 사건이었고, 전임자의 증산 정책에 충실하기만 하면 큰 어려움이 없었다. 따라서 전두환 정권으로서는 벼농사 이외에 다른 먹거리, 일거리를 찾아볼 만했다. 이른바 '복합영농'이 본격적으로 등장하게 된다. 전통적인 벼농사에 더해서 소 사육 같은 목축업을 활성화시켜 나가자는 것이다. 농수산부장관 박종문이 강원도지사 시절에 소 사육을 장려했더니 쌀농사보다 훨씬 수입이 좋았다며, 이를 전국에 확대시켜 나가겠다고 나섰다. 대통령의 취향에도 딱 맞아떨어졌다.

대통령의 전폭적인 지지 아래 농수산부는 '초지조성 10개년계획'을 만들어 발표했다. 무려 1조 원을 들여서 전국에 광활한 초지를 조성해서 소 사육 두수를 1982년의 164만 마리에서 '91년에 가면 269만 마리 수준으로 끌어올리겠다는 것이다. 한국 농촌을 벼농사에서 벗어나게 해 10년 사이에 부유한 낙농 국가로 만들겠다는 장밋빛 그림을 그려 냈다. 당연히 언론도 맞장구를 쳐야 했다.

구체적 방안이 만들어지고 실천에 들어갔다. 목장을 만들기 위한 초지 조성 희망자들에게는 갖가지 정책적 지원 확대와 규제 완화 조치가 취해졌다. 곳곳에서 경사진 산을 깎고 소가 뜯어 먹을 풀을 심었다. 여느 때 같으면 재원 조달 문제라든지 사전경제성검토, 타 부처 정책과의 상충 여부 등을 이유로 기획원이나 재무 부가 당연히 시비를 걸 일이었건만, 하나같이 입을 다물었다. 총애를 받는 주무장관이 직접 대통령으로부터 결심을 얻어 낸 사항이므로, 속으로는 불만이어도 겉으로는 내색할 수 없었다.

소 사육 농가가 급속히 늘어 갔다. 서울의 돈 많은 사람들은 목장 차릴 땅을 잡겠다고 앞을 다투었다. 이런 상황에서 솟값이 하루가 다르게 뛰어올랐다. 솟값이 1년 사이에 두 배로 오르자, 농민들은 솟값 하락으로 골탕을 먹었던 과거의 어려움은 까맣게 잊어버리고 한 마리라도 더 얻어 내기 위해 아우성이었다. 마치 서울의 아파트 투기 열기가 농촌의 소 키우기 전쟁으로 옮아간 양상이었다. 농민들이 상경해서 일가친척들을 동원하는가 하면, 국회의원이나 도지사들도 앞장서서 소의 수입 확대를 요구하는 일도 벌어졌다.

솟값이 오르는 판이니 수입 소를 배정받는 일이 이권화되는 것은 당연했다. 1981년 소 수입이 2만 5천 마리였던 것이 이듬해에는 4만 마리 수준으로 껑충 뛰었다. 소 수입의 연간 적정 규모는 3만 마리였다. 그래야 국내 검역 시설과 수송 능력이 감당할 수 있었다. 다급해진 농수산부는 5만 마리를 절대 넘겨서는 안 된다고 결론을 내렸다. 축산국장 송찬원은 당시 상황을 다음처럼 증언했다.

농수산부는 소를 한 해 3만 마리 이상 들여오는 것은 무리라고 청와대에 보고했다. 한꺼번에 너무 많이 수입해 올 경우 규격에 맞는 소를 확보하기도 어려울 뿐 아니라 운송할 가축 전용 수송선도 부족하고, 또한 검역 시설도 모자라기 때문이라고 설명했다. 그랬더니 전 대통령이 직접 조목조목 반박했다.

"미국에 1억 마리 소가 있는데 그까짓 3만 마리 정도를 못 들여오는가? 우리나라가 조선 제일국인데, 배는 우리가 만들면 된다. 검역 시설은 미국처럼 민간에 맡기면 될 것 아닌가."

대통령이 이렇게 나오는데 달리 방도가 없었다. 수출국인 미국이 소가 부족해서 곤란하다는데도 불구하고 한국은 사정해 가면서 목표 수입량을 채우느라 급급했는가 하면, 무리하게 소를 실어 나르는 과정에서 건강한 소들이 배 안에서 무더기로 병에 걸리는 사태도 벌어졌다.

코미디를 방불케 하는 사태는 거기서 끝나지 않았다. 소 수입은 엄청나게 늘어나는데도 불구하고 시중 쇠고기가 모자라는 기현상이 벌어진 것이다. 솟값이 더 오를 것이라는 기대 때문에 농민들이 소를 시장에 내다 파는 것을 꺼려 공급이 줄어들었던 것이다. 따라서 소는 흘러넘치는데 솟값과 쇠고깃값은 계속 오름세를 보였다. 하는 수 없이 물가 당국인 경제기획원은 쇠고깃값 안정을 위해서 부랴부랴 쇠고기 수입을 늘려야 했다.

처음부터 단추가 잘못 끼워진 데다가 부작용은 일파만파로 번졌다. 수입 소가 농가에서 계속 새끼를 치고 있었고 쇠고기 수입 또한 급격히 불어났으니 공급과잉 현상이 벌어질 것은 뻔한 이치였다. 결국 1984년부터 솟값은 내리막을 거듭했다. 한 마리 166만 원 하던 것이 1년 사이에 82만 원으로 떨어지면서 또 한 차례 심각한 소 파동을 몰고 온 것이다.

소 파동이 사회적 문제로 비화한 것은 1984년 5월 미국의 한 지방신문에 "미국이 한국에 수출한 소 중에서 12%가 도중에 죽거나 건강이 나빠져서 도착 직후 도살되었다"고 보도한 내용이 통신을 타고 국내에 알려지면서였다. 보도 내용은 상당 부분 사실이었다. 수입 소가 병든 것을 사전에 알았든 알지 못했든 간에 원인은 한국 정부가 무리하게 많은 소를 한꺼번에 수입하려는 과정에서 벌어진 일이었다. 그리고 보면 훗날의 이명박 정권이 집권 초기에 겪었던 광우병 파동은 여기에 비하면 일도 아닌 셈이었다.

여기서 꼭 짚고 넘어가야 할 대목이 있다. 앞에서 인용한 대통령의 발언이다. 대통령이 어찌해서 소 수입에 대해서 그리도 세세하게 지시할 수 있는가 말이다. 경제수석이 써 준 것을 읽은 것도 아니었다. 친동생 전경환이 사무총장을 맡고 있는 새마을운동본부가 써 올린 보고서를 읽고 한 지시였다. 소 파동의 시작은 정부의 과도한 복합영농 정책에서 비롯된 것이었으나, 이를 한층 심각하게 만든 결정적인 요인 제공자는 대통령의 동생 전경환이었던 것이다.

새마을운동본부가 소에 눈을 돌리게 된 데는 그럴 만한 이유가 있었다. 새마을운동 자체가 3공~유신 시대에 비해 상대적으로 침체되어 있던 터였으므로 뭔가 국민들의 관심을 다시 끌어모을 수 있는 돌파구를 찾아야 했다. 그러던 참에 수입 소가 '황금알을 낳는 거위'로 등장한 것이다. 실무자들의 건의로 사무총장 전경환은 즉각 청와대로 들어가서 형님의 재가를 얻어 냈다. 처음에는 소 수입 자체를 축협에서 뺏어서 새마을운동본부가 통째로 맡겠다고 나섰다. 하지만 그것은 심한 반발을 불렀다. 아무 소리 못하고 있던 관료들이 "새마을운동본부는 수익사업을 못 한다"는 세법 조항을 들고 나와 마지노선을 편 것이다. 머리를 싸매고

타협책을 만들어 냈다. 소 수입은 계속 축협이 맡기로 하되, 새마을운동본부는 자기네들이 선정한 우수 새마을에 일정 두수를 알아서 배정한다는 것이다. 대통령도 그렇게 하는 것이 아이디어도 괜찮고 동생 체면도 서는 것으로 여겼다. 그러나 형제의 이 같은 생각은 또다른 소 파동을 불렀다. 청와대 회의에서 결정된 도입 소 3만 마리에 새마을 몫으로 2만 마리가 더 보태진 것이다. 이것이 곧바로 추가 부담이 되어 그해의 수입 소는 7만 마리까지 올라갔고, 수송 과정의 병든 소 문제까지 초래한 화근이었다.

파동이 번지자 농수산부 축산국장과 축협 간부가 사임했으나, 사실 이들에게 책임을 지울 일이 아니었다. 물가에만 집착했던 기획원, 어줍잖게 복합영농을 표방한 농수산부, 그리고 오르는 솟값을 이용해서 한 건 하려고 했던 새마을운동본부, 이를 뒤에서 밀어준 대통령 등 모두가 함께 책임져야 할 일이었다.

당시 전경환 새마을운동본부 사무총장의 위세가 어떠했는지를 말해 주는 실화 한 토막을 덧붙인다.

농수산부가 복합영농을 내걸고 초지조성계획을 한창 추진할 때다. 세간의 관심은 초지를 어디에다 조성할 것인가에 쏠렸다. 하루는 농수산부장관과 경제기획원 기획국장이 전경환을 모시고 헬리콥터로 강원도의 후보 지역을 방문했다. 그곳은 새마을 측에서 초지 조성의 최적지로 추천한 곳이었다. 막상 헬기가 내려앉은 곳은 도저히 소를 키울 수 없는 비탈진 산간 지역이었다. 그러나 장관은 침이 마르게 칭찬의 소리를 쏟아 냈다.

"정말 기가 막힌 곳을 고르셨습니다."

전경환에게 한 말이었다. 옆에 있던 사람들의 귀를 의심케 했다. 이런 한심한 장소를 두고 주무장관이 기막힌 곳이라고 하니—

문제는 그다음이었다. 헬기 조종사가 달려와서는 "이거, 죄송하게 됐습니다. 제가 지도를 잘못 보고 엉뚱한 곳에 내렸습니다"라는 게 아닌가. 얼굴이 벌게진 장관은 전경환을 모시고 다시 원래의 추천 장소로 날아갔다. 수행원들은 아무 말이 없었다.

전경환은 세상이 바뀌면서 형사처벌을 받았으나, 감옥 간 죄목에 포함되지 않은 여러 비리가 많았다.

철밥통 공기업에 경쟁과 효율을

공기업 임직원을 흔히 '철밥통'에 비유한다. 누가 아무리 뭐라고 해도 끄떡 않는다는 뜻도 있고, 일단 입사하기만 하면 먹고살 걱정 할 필요 없는 안전한 직장이라는 뜻도 포함되어 있는 것 같다. 근자에 와서는 심지어 '신의 직장'으로 불리기까지 한다. 그런 공기업에 과감하게 개혁을 시도한 것은 전두환의 업적의 하나로 꼽힐 만하다.

지금까지도 경영의 효율이나 생산성 면에서 자주 거론되지만, 공기업 개혁 문제는 세계적으로 해묵은 시빗거리다. 변천의 역사도 나라마다 다르다. 공기업, 국영기업, 정부투자기관 등 이름표도 여러 가지인데 여기서는 공기업으로 통칭한다.

공기업 업무의 공공성 여부는 별도로 하고, 경영 행태 면에서는 민간기업하고 많이 다르다. 죽기 살기로 생산성을 도모한다든지, 잘잘못을 따져서 봉급에 차등을 준다든지 하는 것은 상상도 못했다. 소위 인센티브 제도 같은 것은 공기업하고는 거리가 멀었다. 이같은 공기업 풍토에 새 바람을 일으킨 것이 전두환 정권이었다.

발단은 1979년, 대부분의 공기업들이 뭉텅이로 적자를 기록했는데도 한국전력 혼자서 무려 1,300억 원의 흑자를 낸 데서부터 비롯됐다. 한전의 경영진은 이익을 많이 냈으니 직원들에게 어떤 형태로든 특별 보너스를 지급하려 했다. 하지만 공기업인 까닭에 보너스를 줄 법적 근거가 없고 선례도 없었다. 정부로서도 난처했다. 청와대로 이 문제가 올라가자 대통령은 일리가 있다며 KDI에 해결 방안 마련을 지시했다. 이왕이면 차제에 다른 공기업들도 본받을 수 있도록 그럴듯한 경영 효율화 방안을 만들어 보라고 지시했다. 훗날 경제수석으로 기용되는 사공일이 대통령 전두환을 처음 대면하게 된 게 바로 이 일로 인해서였다. 사공일은 당시 상황을 이렇게 회고했다.

KDI에서는 내가 중심이 돼서 이미 1970년대 중반부터 한국을 포함한 개발도상국의 공기업 문제를 본격적으로 연구하고 있었다. 그러던 참에 청와대로부터 주문을 받았으니 안성맞춤이었다.

김재익 수석으로부터 연락을 받은 사공일은 한전뿐만 아니라 공기업 전체의 경영 체제에 대한 개혁 방안 마련에 착수했다. 기획원 예산실과 공기업 임직원 등 실무자들을 모아 전담추진단을 만들었다. 경제학·행정학·경영학 등 다양한 분야의 학자들도 차출했다. 사공일의 말을 더 들어 보자.

후진국일수록 국영기업들의 생산성이 낮고 경영이 방만하지 않은가. 그래서 오래전부터 개선책을 찾아 왔다. 그러나 현실적 저항 때문에 공기업 문제에 손을 대는 것은 엄두조차 내기 어려운 일이었다.

공기업의 가장 중요한 문제는 구성원들이 주인 의식이 없는 무주공산이라는 점인데, 그렇게 된 가장 심각한 원인이 정부가 낙하산 인사를 해 왔기 때문이다. 따라서 정치권이나 정부 고위층으로부터의 낙하산 인사 압력을 여하히 막아 내는가가 문제의 핵심이었다. 엉뚱한 인물을 CEO로 발령을 내는 경우가 비일비재했는데, 이것만 막아도 공기업 개혁은 절반의 성공이라고 판단했다. 그래서 경영에 참여하지 않는 이사장 제도를 새로 만들었다. 이 아이디어는 대만의 공기업들이 고문이라는 이름으로 상당수의 외부 인사를 소화하고 활용하는 데서 힌트를 얻었던 것이다. 그에 더해서, 여태까지 계속되고 있는 정부투자기관 경영평가 제도 또한 당시 실무팀이 대만에 출장 가서 그곳의 공기업 평가단 활동을 보고 배워 온 것이다.

1983년, 논란 끝에 이 제도가 전격적으로 출발했다. 「정부투자기관관리기본법」이 만들어지고 그 주요 내용이 경제기획원을 통해 발표되자 마치 벌집을 쑤셔 놓은 듯했다. 당사자인 26개 공기업은 즉각 반발했다. 독재정권 시대였던 만큼 내놓고 반대는 못해도 여기저기서 살벌한 분위기 속에 볼멘소리가 쏟아져 나왔다. 기본적으로 경쟁과 차등은 공기업의 전통과 생리에 정면으로 배치되는 단어였다. 어느 날 갑자기 경쟁과 효율을 내세우며 경영 실적에 따라 점수를 매긴다고 하니, 경쟁 없는 세상에서 또박또박 월급 받아 가며 편안하게 잘 지내 온 공기업들이 순순히 받아들일 리 만무했다.

언론 반응은 절반은 찬성이고 절반은 반대였다. 공기업 경영 혁신 방안으로 민간기업을 본떠서 경쟁을 촉진하는 인센티브 제도를 도입하는 것에는 찬성이었다. 하지만 이사장 제도에 대해서는 비판적이었다. 기존의 이사회도 있으나 마나 한 판에 이사장이라는 자리를 따로 만드는 것은 예산 낭비이며, 전두환 정권이 주변 사람들을 데려다 앉히기 위해 쓸데없이 만드는 옥상옥이라고 비판했다. 한 손으로는 경영 효율화를, 다른 한 손으로는 비효율화를 초래하는 자가당착의 엉터리 정책이라고 몰아세웠다. 그런 비판이 나올 만했다. 예컨대 경찰청장 출신을 은행 이사장 자리에 앉히니 누가 봐도 욕먹기 십상인 인사요 제도였다. 물론 해당 공기업과 관련된 식견과 경험을 갖춘 사람들도 있기는 했으나 그렇지 않은 경우가 더 많았다.

우연이 아니라 의도된 인사였다. 공기업 이사장 자리를 현실적으로 존재하는, 소위 권력형 인사 청탁을 소화하는 제도적 장치로 활용하고자 했던 것이다. 엉뚱한 인물이 낙하산 인사로 공기업 사장 자리를 꿰차고 앉아서 경영을 그르치는 것보다는 차라리 경영에 개입하지 못하는 이사장 자리에 앉히는 편이 낫다는 계산이 깔려 있었다. '옥상옥'이 공기업 경영 전체로 보면 더 효율적이고 비용 면에서도 더 싸게 치인다는 것이다. 대만의 장제스(장개석) 정부가 퇴역 장성 등 어차피 정부가 돌봐 줘야 할 사람들한테 적당한 자리를 주고 생활비를 지급하되 경영에는 간섭하지 못하도록 한 것을 KDI의 사공일 팀이 벤치마킹해서 한국형으로 변형시킨 것이었다. 이사장들에게는 기사 딸린 자동차, 그리고 널찍한 사무실과 비서가 제공되었다. 당시의 이사회는 어차피 요식 절차에 불과했으니, 이사장이 되었든 사외이사가 되었든 기업 경영과는 아무 상관이 없었다. 이사장 제도 운영에 들어가는 각종 경비나 봉급은 경영의 효율화를 위한 최소한의 비용이었던 셈이다. 지금 같으면 어림도 없는 제도였으나 당시로서는 현실적으로 매우 지혜로운 방책이었던 셈이다.

또 하나의 조치가 뒤따랐다. 종래는 공기업 임원 인사권이 주무부처 장관한테 있었는데, 이것을 사장의 권한으로 바꿨다. 공기업 경영을 둘러싼 외부 압력이나 정부의 인사 개입을 제도적으로 차단한 셈이었다. 그렇다고 해서 당장은 별다른 변화가 없었다. 어느 물색없는 공기업 사장이 자기 마음대로 임원 인사권을 행사했겠는가. 그러나 시간이 지나면서 사장 중심의 경영 체제가 서서히 현실로 나타났다. 임원의 절반 이상이 낙하산으로 채워졌던 과거를 뒤로 하고 내부 임원 승진 인사가 부쩍 늘어 갔다.

이사장 제도에 대한 시비는 한동안 끊이지 않았으나 어쨌든 이를 계기로 공기업 사장들도 차츰 민간기업의 CEO들을 흉내 내지 않을 수 없었다. 조직의 지배구조만 바꾸는 게 아니라 경영 평가 작업까지 하도록 되어 있었기 때문이다. 핵심은 민간기업처럼 생산성을 따져서 보상에 차별을 두어야 한다는 것이었다. 그러나 무엇을 기준으로 평가할 것인가를 놓고 이견이 분분했다. 시행착오가 많았다. 잘잘못을 숫자로 계량화할 수 있으면 시비가 적을 텐데 그럴 수 없는, 소위 정성적 평가 부문에 대한 시비가 많았다. 더구나 공기업의 업무 성격이나 내용이 제각각이라서 일률적인 지표로 평가하자니 문제가 생길 수밖에.

그럼에도 불구하고 평가 제도가 도입되면서 공기업들은 알게 모르게 달라져 갔다. 민간기업처럼 연말 보너스가 차등화된다는 것 하나만으로도 과거에 비하면 충격적 변화였다. 평가가 나쁘게 나오면 해당 공기업 사장은 즉각 목이 달아났다.

여타 제도 또한 이것저것 바뀌어 나갔다. 그전에는 공기업들이 쓰는 웬만한 물자는 조달청이 일괄해서 사 주었고, 공사 역시 계약금 2억 원 이상짜리는 조달청을 통해서 대리계약을 하도록 되어 있었는데, 이런 것들이 몽땅 바뀌었다. 개별 공기업이 각기 알아서 하도록 한 것이다. 조달청을 거치지 않고 독자적으로 흥정하니 값을 더 싸게 하는 것은 물론이고 인력과 시간도 절약되었다.

공기업 경영의 개혁 모델이 자리 잡기까지에는 무엇보다 정책의 일관성 유지가 가장 결정적인 요인이었다. 대통령의 관심 사항에 대해 마침 국책연구소 학자들이 미리 연구하고 있었던 것도 다행스런 우연의 일치였다.

공기업 개혁 작업은 전두환 정권이 끝나고 나서도 계속 수정보완을 거듭했다. 세계은행이나 유엔 등 국제기관들로부터 칭찬이 자자했다. 공기업 경영에 대해 외부 개입이나 간섭을 법률로 차단한 케이스는 한국이 세계에서 유일하다는 점에 특히 주목했다. 후발 개발도상국들도 자기네들 공기업 문제에 대처하는 데 한국을 벤치마킹해 갔다.

그랬던 것이 1990년대 후반 들어서 노동조합의 정치세력화가 급속히 진전되면서 공기업에서 노조의 영향력이 커졌고, 이들을 중심으로 한 집단 이기주의에 휩싸이기 시작했다. 경쟁 원리는 자리를 잃고 왕년의 철밥통보다 한 술 더 뜨는 분위기가 됐다. 젊은 이들의 일자리 문제가 심각해지면서 갈수록 철밥통의 값은 올라갔다. 오죽하면 철밥통을 뒤로 하고 '신의 직장', 심지어는 '신이 감춰 놓은 직장'이라는 별명까지 붙었겠는가.

돌이켜 보면 1980년대에 전두환이 공기업 개혁을 시도했고 어느 정도의 성과를 거뒀다는 것이 그나마 다행스런 일이다.

물론 시대 변천에 따라 공기업 이사회는 전두환 시대와 전혀 다른 차원으로 권한이 강화되고 책임도 무거워졌다. 그럼에도 불구하고 공기업 이사 또는 이사장 자리는 지금도 여전히 '정치 건달'들의 소화 대책으로 활용되는 경우가 적지 않은 것이 현실이다.

붕어 낚으려다 잉어 낚은 LNG 도입

에너지 분야를 살펴보자.

5공 정부는 시작부터 허겁지겁이었다. 대흉작으로 한쪽에서는 쌀을 사들여야 했고, 다른 한쪽에서는 오일 쇼크로 석유 확보에 정신 못 차리는 지경이었다. 특히 천정부지로 치솟는 유가는 한국 경제 전체를 벼랑으로 몰아갔다. 에너지 수급의 주무부처인 동력 자원부로서는 급등하는 가격 부담도 문제지만 필요한 물량 확보가 더 시급한 문제였다. 동자부장관 박봉환의 고민은 중동에만 매달리고 있는 석유 도입선의 다변화였다. 이란의 호메이니가 닫아건 호르무즈 해협의 빗장이 언제 풀릴지 모르는 상황이었으므로 어떻게 해서라도 중동 이외의 지역으로부터 석유 수입을 늘려야 할 형편이었다.

원래 기업이 능력을 갖췄으면 그들이 시장 형편을 살펴서 사오면 되는 것이지만, 한국에는 그럴 만한 석유회사가 없었다. 간판 회사격인 유공조차 세계 석유시장 동향을 커버하는 아무런 네트워크도 없었다. 미국 석유회사 걸프의 임가공 회사에 불과했다. 정부가 직접 나서야 했다.

박봉환이 궁여지책으로 처음 문을 두드린 나라는 인도네시아였다. 1981년 초 대통령 특사 자격으로 자카르타로 향했다. '에너지장관'이라는 명함에 '대통령 특사'라는 직함을 군이 더 올려 준 것부터가 당시의 상황이 얼마나 급박했는지를 짐작케 한다.

인도네시아는 의외로 호의적인 반응을 보였다. 수하르토 대통령은 같은 군인 출신이기에 한국 대통령이 겪고 있는 어려움을 충분히 이해하고 있다면서 안정적인 석유 공급을 약속했다. 문제는 그것이 조건부라는 것이었다. 필요한 석유를 줄 테니 그 대신 액화천연가스(LNG)도 사 가라는 것이 수하르토의 요구였다.

인도네시아로부터 LNG를 도입하는 것은 전혀 생각하지 않았다. 그런 판에 갑자기 상대편 국가원수가 짐작도 못 했던 이야기를 불쑥 꺼내니 당황할 수밖에 없었다. 잇달아 만난 그 나라 실력자들도 하나같이 LNG 도입을 거론해 왔다.

그때만 해도 LNG라는 에너지는 일반에게 생소한 이름이었고, 재무 관료 출신인 박봉환 역시 잘 몰랐다. 서둘러 기본 자료를 챙겨 보니, "LNG란 석유를 대체할 수 있을 뿐 아니라 공해 없는 깨끗한 청정 에너지"로서 발전 연료로도 쓸 수 있다는 것이었다.

문제는 돈이었다. 다른 연료와는 달리 가스를 액화해서 운송해야 하고 영하 160도의 초저온 시설에 저장해야 하며, 대규모 배관 시설이 필요했다. 막대한 초기투자에는 재정 부담이 따르기 마련이다.

박봉환은 인도네시아 부총리를 만나 단도직입적으로 물었다.

"대체 왜 인도네시아는 만나는 사람마다 LNG를 사 가라는 겁니까?"

"여태까지 인도네시아의 LNG 개발 사업은 일본이 독점해 왔습니다. 그런데 일본은 기술이전에는 인색하고 이익만 챙겨 가니까 한국을 끌어들여 일본을 견제하자는 거지요. 박 장관이 대통령 특사로 왔으니 결론을 냅시다."

대통령에게 전화로 상의하려 했으나 마침 미국 방문 중이라 여의치 않았다. 하지만 박봉환의 마음은 이미 기울어져 있었다.

　　무엇보다도 LNG가 공해 없는 에너지라는 점에 마음이 움직였다. 대통령 결재도 안 받고 장관이 독자적으로 결정한다는 것이 꺼림칙했으나 사후 결재를 받을 요량으로 의정서에 사인을 했다.

한국의 행정 관행으로는 있을 수 없는 일이었다. 아무리 대통령 특사로 갔기로서니 일개 장관이 국가적 사업을 대통령과 사전 상의나 결재 없이 혼자 판단으로 가부를 결정한다는 것은 상상할 수 없었다. 하지만 박봉환은 대통령을 설득할 수 있다는 자신이 있었다. 대통령의 초대 가정교사가 아니었다면 엄두도 못 낼 일이었다. 역시 박봉환은 귀국 즉시 청와대로 들어가 단숨에 사인을 받아 냈다. 그의 회고를 계속 들어 본다.

> 초기투자의 막대한 자금부담으로 망설였으나, 청정 에너지라는 점을 내세워 대통령을 설득했다. 다행히 대통령은 잘했다며 LNG의 가정용 연료 대상 지역을 경인 지역으로 한정할 게 아니라 전국으로 확대할 것을 지시했다.

결정은 파격적이었으나 집행 과정엔 난관이 많았다. 대통령의 즉각적인 결재에도 불구하고 사방에서 들고일어났다. 물가 안정을 우선해서 웬만한 재정지출을 무더기로 줄이거나 억제하는 마당에 초기투자에 5천억 원이나 들어가는 LNG 사업을 신규로 벌이겠다고 나섰으니, 다른 부처들이 가만있을 리 없었다. 신병현 부총리가 선봉에 서서 경제기획원이 반대했고, 경제수석 김재익도 합세했다. 5공 출범 이후 이런 일은 처음이었다. 아무리 대통령 결재 사항이라 해도 관계 부처들이 등을 돌리니 실무작업이 난항을 거듭할 수밖에 없었다. 동자부의 실무자들조차 "되지도 않을 일을 가지고 공연히 고생만 시킨다"며 장관을 공공연히 원망했다. 그럼에도 불구하고 박봉환은 '최고통치자의 주요 관심사'임을 내세워 밀어붙여 나갔다. 언론도 이 사업에 대한 비판 기사를 쓸 수 없게 했고, 경제 관료 사이에서도 함부로 이론을 제기하는 것이 금기 사항으로 통했다. LNG 사업은 결코 민주적이라고 할 수 없는 폐쇄회로를 통해 일방적으로 추진된 것이다.

당사자인 박 장관이 물러난 이후, 이 사업은 의정서에 사인을 하고 나서도 가격과 수송비를 비롯한 복잡한 계약 조건들을 둘러싸고 14차에 걸쳐 협상을 벌이는 등 수많은 우여곡절을 겪었다. 심지어 LNG 기지 건설의 당사자인 한전까지 반대하는 바람에 총리실로부터 재검토 지시가 떨어지기도 했다.

정부 내에서의 상당한 반발에도 불구하고 LNG 사업이 꾸역꾸역 중단 없이 추진된 배경은 무엇일까? 합리적으로는 설명이 잘 안 된다. 반대편 논리대로, 당시의 어려운 경제 여건을 생각하면 LNG는 누가 봐도 너무 많은 돈이 드는 고급 연료였기 때문이다. 공교롭게도 LNG 기지 건설 사업에 뭉칫돈이 들어가고 있는 판에 국제 유가가 내려가면서 저유가 시대가 열려 LNG 사업에 대한 비판의 목소리는 더 커졌다. 결국 이것을 시작한 박봉환의 영향력이 두고두고 대통령에게 계속 미친 결과 다수의 반대를 제압했던 셈이다. 여기에 더해서 비동맹 세력의 중심국인 인도네시아와의 외교적 관계 개선이라는 정치적 포석도 적지 않게 작용했다. 그럼에도 불구하고 상당수의 경제 관료들이 비민주적 정책 결정 과정의 표본이라고까지 비판했던 것은 무리가 아니었다.

그러나 지금 와서 한국경제에서 LNG가 차지하고 있는 비중이나 역할을 따져 보면 그 시대의 정책 선택을 어떻게 평가해야 할 것인지? 88 올림픽을 치르면서 청정 에너지로서의 존재 가치를 확실하게 인정받았을 뿐 아니라, 급속도로 확장되어 온 도시가스 배급망과 그에 따른 편의를 생각하면, 전두환 정권이 이뤄 놓은 또 하나의 업적이라 해도 손색이 없을 것이다.

친인척 관리만 잘했어도

"제가 특히 부끄럽고 개탄스럽게 생각하면서 사죄를 드리는 것은 제 친척들의 물의에 대해서입니다. 부유하지 못했던 이들은 갑자기 대통령의 친척이 되자 처음의 놀라움과 자랑스러움이 주위의 유혹에 흔들리기 시작했고, 급기야는 여러 가지 말썽을 빚어내기에 이르렀던 것입니다. 참으로 면목이 없습니다. 진심으로 사죄하며 머리 숙여 용서를 빕니다."

1988년 11월, 백담사 '귀양'을 떠나면서 전두환이 발표한 '국민 여러분께 드리는 말씀'의 한 대목이다. 그는 자신의 성장 과정까지 털어놓으며 여론의 비난이 빗발치던 친인척 비리에 대해 이같이 사과했다. 가까운 친인척이면 거의 예외없이 어처구니없는 비리를 저질러 왔음이 밝혀지자, 전두환도 어쩔 수 없이 이처럼 자신의 불찰임을 시인하기에 이른 것이다.

정책이야 선택의 문제이므로 찬반이 있을 수 있고, 효과 면에서도 긍정과 부정적 측면이 함께 있기 마련이다. 하지만 대통령의 권력을 호가호위해서 저지른 친인척들의 비리 문제는 변명의 여지가 없다. 여러 번 언급되었듯이 부실기업 정리가 아무리 올바른 정책 선택이었고 당연했다고 한들, 어떤 식으로라도 친인척들이 개입되었다면 정책 전체가 일순간에 빛을 잃게 된다. 정책의 정당성 여부를 떠나 모든 사람을 불쾌하게 만드는 것이다. 유감스럽게도 전두환의 친인척들은 대통령의 권세를 업고 되는 일을 안 되게 했는가 하면, 안 되는 일을 되게 했다. 더구나 이러한 일들이 이권을 둘러싼 부당한 개입이었으므로 경제 분야에 미친 영향 역시 결코 가볍지 않았다.

먼저 살펴볼 것은 대통령의 인식이다. 전두환은 친인척 문제에 대해서 과연 어떠한 태도와 입장을 보였던 것일까?

여기서 전임 대통령 박정희와 매우 달랐다. 박정희는 부인을 비롯한 친인척들에 대해 지나치리만큼 엄격했다. 부인 육영수가 청와대 비서관과 상의해서 대통령의 조카를 국영기업 직원에 취직시켜 준 일이 있었는데, 이를 뒤늦게 알게 된 대통령은 조카의 취업 자체를 무효화시킨 것은 물론이고 해당 비서관을 인사 조치할 정도였다.

전두환은 그렇지 않았다. 대통령 친인척의 비리 리스크를 애당초 간과했다. 마치 평범한 장삼이사가 생각하듯이 "어렵게 살아온 친인척들 좀 도와주는 것이 뭐가 그리 나쁘냐"는 식의 생각이었다. 대통령으로서 기본적인 공개념이 없었다. 전경환이 말썽을 부린다는 보고를 받으면서도 "어렸을 때 내가 업어 키운 동생인데…"라는 식이었다. 대통령 자신의 인식이 시작부터 이러했으므로 친인척 문제가 연속적으로 터져 나올 수밖에 없었다.

시작부터가 노골적이었다. 동생 전경환을 새마을운동본부 사무총장에, 장인 이규동을 대한노인회 회장에, 처삼촌 이규광을 광업진흥공사 사장에 앉혔다. 박정희 때 같으면 생각도 못 할 일이었다.

대통령 부인의 경우도 육영수와 이순자는 많이 달랐다. 이순자는 활동적인 성격에 가만히 있는 성격이 아니었다. 때때로 내조의 범위를 벗어나는 영향력을 발휘하기도 했다. 영부인의 힘이 드러나면서 사람들이 꾀기 시작했다. 영부인에게 직접 접근하는 경우뿐 아니라 친정아버지, 처삼촌한테도 줄을 대려는 경쟁이 치열했다. 심지어 연초가 되면 각부 장관들이 이규동에게 세배를 갔다. 누가 시켜서가 아니라 누군가가 앞장을 서면 다른 장관들도 그렇게 해야 이롭다고 판단했기에 당연지사로 통했던 것이다. 그런 인사치레에 대해서는 거의 무감각한 인물로 알려져 있던 신병현 전 부총리의 회고를 들어 보자.

언젠가 이규동 씨가 사무실로 전화를 걸어 왔다. 새해 복많이 받으라는 신년 인사였다. 연배도 위인 분이 먼저 신년 인사 전화를 해 와서 좀 미안하다는 생각이 들었다. 그러고 나서 잊어버렸다. 그런데 얼마 후에 어느 장관이 내 방에 와서 이규동 회장에게 세배를 갔느냐고 묻기에 안 갔다고 했다. 그랬더니 그 장관 왈, "다른 장관들은 모두 신년 인사를 갔는데 혼자만 안 가면 곤란하지 않겠습니까?"라고 하더라. 혼자 생각하기를 '참 이상한 세상도 다 있다'며 접어 두고 말았다.

집권 초기, 대통령의 장인은 실로 영향력이 대단했다. 노태우 정권 들어서 '수서 특혜' 시비로 세상을 떠들썩하게 만들었던 한보그룹 회장 정태수가 사업을 그처럼 빠른 속도로 일으킨 배경에 바로 이규동이 있었다.

박봉환 동자부장관은 이규동으로부터 점심이나 하자는 전화를 받고 흔쾌히 응했다. 그런데 이규동이 숟가락을 뜨기도 전에 난처한 부탁을 해 왔다.

"박 장관, 내가 유능한 신진 사업가를 하나 추천할 테니 잘 좀 밀어주시오."

한보의 정태수에 관한 사업 청탁이었다. 소소한 사업이 아니라 동자부가 처음 추진하고 있는 LNG 기지 건설공사를 맡겨 달라는 것이었다. 박봉환은 기가 막혔다. 그 엄청난 공사를, 그것도 고도의 선진 기술을 요구하는 국가적인 프로젝트를 이름도 얼굴도 모르는 젊은 기업인한테 수의계약으로 주라고 하니 말이다. 그래도 상대는 대통령의 장인 아닌가.

"잘 알겠습니다. 그러나 LNG 기지 건설은 한국전력 같은 큰 회사들도 못 하는 어려운 사업일뿐더러 일의 성격상 어떤 특정인에게 맡겨서는 안 되는 사업입니다. 국가 발전을 위해서나 대통령 각하를 생각해서도 그래서는 곤란합니다. 죄송하지만 다른 일로 도와드리지요."

주무장관의 이 같은 정중한 거절에 불구하고 이규동은 막무가내였다. "당신이 몰라서 그렇지 정태수라는 인물은 아주 유능한 사업가이며 노인회 일에도 많은 도움을 주고 있으므로 이번 부탁은 꼭 들어주어야 한다"는 것이었다. 그것도 기지 건설공사뿐 아니라 인도네시아에서 LNG를 실어 오는 수송선 사업에 이르기까지 아예 통째로 맡겨 달라는 이야기였다. 박봉환이 누구인가. 전두환의 첫 번째 경제 가정교사일뿐더러 대쪽이라는 별명이 붙여져 있을 만큼 올곧고 청렴한 것으로 정평이 나 있는 인물 아닌가. 아무리 대통령의 장인 부탁이라 해도 도저히 들어줄 수 없었다.

다음 해 첫 개각에서 박봉환은 동자부장관에서 재무부장관으로 옮기도록 되어 있었다. 연말 인사로 청와대에 들어갔을 때 대통령으로부터 재무장관을 준비하라는 언질을 직접 받았다. 수고했다는 격려와 함께 두둑한 봉투도 받았다. 그러나 새해 연휴가 끝나고 발표된 개각 명단에 박봉환의 이름은 아예 없었다. 유임도 아닌 해임이었다. 청와대의 신년 가족 모임에서 뒤바뀌었다. 대통령 장인의 제동에 걸린 것이다. 정태수 관련 청탁을 들어주지 않은 결과였다. 증권감독원장으로 밀려 나간 박봉환은 끝내 정부로 돌아오지 못했다.

처삼촌 이규광도 무시 못 할 영향력을 행사했다. 광업진흥공사 사장에 앉은 이규광은 어느 날 재무부로 이용만 차관보를 찾아갔다. 자신의 명함을 비서를 통해 전달하고 기다렸으나, 이용만은 마침 청와대 보고 서류를 검토하느라 만나 주지 못했다. 그가 대통령의 처삼촌이라는 사실을 몰랐던 것이다. 며칠 후 괘씸죄에 걸려 단칼에 옷을 벗었다. 권토중래로 노태우 시대 들어서 외환은행장을 거쳐 재무장관으로 명예를 회복한 이용만은 당시 자신의 죄목을 일컬어 '대통령 처삼촌 면담 요청 거절죄'라고 했다.

동생 전경환은 어떠했는가. 물론 대통령의 친인척이라 해서 요직에 앉히지 말라는 법은 없다. 미국의 케네디 대통령은 동생을 법무장관에 앉혔어도 아무 탈이 없었다. 문제는 본인이 그만한 자격을 갖췄느냐 하는 점일 텐데, 유감스럽게도 한국의 대통령 동생은 그렇지 못했다. 누가 봐도 새마을운동과는 아무 인연도 없고, 그런 거대한 전국 조직을 끌어갈 리더십도 경험도 없는 인물이었다. 그럼에도 불구하고 자신이 업어서 키운 동생이라는 이유 하나만으로 거리낌 없이 그 자리에 앉혔던 것이다. 전경환은 육군 중위 출신으로 스포츠에 능한 전형적인 무인이었다. 새마을운동이 무엇인지도 모르는 상태에서 하루아침에 인생이 달라진 것이다.

사실 새마을운동은 박정희의 불의의 죽음으로 관심권 밖으로 밀려났었다. 더 이상의 정부 주도는 없고, 민간 주도 농촌 사업으로 전환한다는 것이 당시 정부 입장이었다. 그러나 민간단체가 정부 관청보다 더 무서운 힘을 발휘하기 시작했다. 내무장관도 농수산 장관도 새마을운동본부의 전경환 눈치를 살펴야 했다. 그는 새마을운동에 관계없이 준(準) 대통령 행세를 했다. 불쑥불쑥 아무 일이나 간섭하는 게 예사였고, 운만 떼어도 사람들은 알아서 기었다.

어느 날 농수산부 출입기자들이 전경환을 만났다. 그가 새마을운동에 대해 어떤 철학을 가지고 있는지를 집중적으로 질문했다.

"나는 하루에 너댓 시간 잡니다. 지난번 일본 출장을 갔을 때도 매일 3시간밖에 안 잤어요. 그랬더니 같이 갔던 직원들은 코피를 쏟고 야단들이더군요. 나는 끄떡없어요."

그는 대체로 그 정도의 인물이었다. 새마을운동을 어떻게 끌고 나간다는 소신 피력은 한 마디도 없고, 자신의 체력에 대한 자랑뿐이었다.

말이 민간단체이지, 전경환이 들어서면서부터 새마을운동본부는 정부의 공권력이 미치지 못하는 치외법권 지역 같은 곳으로 변해 버렸다.

한은 총재였던 하영기의 증언이다.

하루는 전경환 씨 쪽에서 '성의 표시'를 촉구하는 연락이 왔다. 금융기관들이 새마을 성금을 좀 내야 할 것 아니냐는 것이었다. 그래서 은행장회의를 소집해서 의논한 결과 30억 원 정도의 성금액을 결정했다. 미국인 대주주가 경영권을 갖고 있던 한미은행은 한 푼도 못 내겠다고 버티기도 했지만.

어쨌든 재무부에 30억 원 성금 계획을 알렸더니만, "단자회사도 100억 원을 내는데 은행들이 30억 원 내면 새마을 쪽에서 서운해 하지 않겠는가"라고 난처한 반응을 보였다. 그러다가 얼마 안 가서 나는 한은 총재에서 물러나야 했다.

대통령의 처남 이창석도 한몫을 했다. 그는 젊은 나이였으므로 대통령의 장인이나 처삼촌, 동생처럼 직접 영향력을 행사한 것은 아니었다. 그 자신은 가만히 있어도 대통령의 처남임을 감안해서 청와대 비서실을 비롯해서 주변 사람들이 알아서 특혜를 안겨다 주었다. 그가 '동일'이라는 회사를 인수한 과정, 그 회사가 포항제철의 광양제철소 건설공사를 따내는 일들이 비록 법적 하자가 없었다 해도, 그러한 일들이 공정하고 정당했다고 믿는 사람이 누가 있겠는가. 그가 앉아서 이익을 챙기는 과정에서 억울하게 손해를 보는 사람이 있게 마련이다. 예컨대 알짜배기 기업이 경매에 붙여졌는데, 이창석이 입찰 의사를 밝히자 아무도 끼어들 생각을 못 했다. 그 기업은 헐값에 이창석에게 넘어갔다.

역시 관심의 초점은 대통령이 친인척 비리 사건에 대해 어떤 생각을 했을까 하는 것이다. 1982년 이철희·장영자 사건이 터졌을 때 전두환은 "대통령 친인척도 비리 척결에 예외가 될 수 없다"고 단호한 의지를 밝혔으나, 실제로는 그렇지 못했다. 한마디로 친인척들에 대해서는 관대했다. 대통령이 그러하니 주변 참모들 역시 엄격하게 챙길 수 없었다. 친인척을 관리하는 민정수석을 오래 지낸 이학봉은 난처한 경우가 한두 번이 아니었다. 사방에서 관련 정보는 올라오는데 이것을 곧이곧대로 대통령에 보고하는 일이 결코 쉽지 않았다.

> 친인척 비리에 대해 대통령의 의지는 확고했다. 그러나 민정수석실에서 대통령의 형제나 자식 등 아주 가까운 친척들까지 엄격하게 관리한다는 것은 현실적으로 불가능한 일이었다.

민정수석 이학봉이 후일 자신의 고충의 일단을 고백한 것인데, 결국 친인척 관리의 실패를 스스로 인정한 셈이다. 물론 수수방관만 한 것은 아니었다. 한보의 정태수가 하도 날뛰는 것을 보다 못한 청와대 사정수석이 나서서 뒷조사를 통해 문제가 많다는 사실을 확인할 수 있었고, 재무부에 "정태수에 대한 금융 지원을 삼가라"는 지시를 내리기도 했다.

반면 명성의 김철호는 자신의 노력과 아이디어로 한국 최고의 레저그룹을 만들었음에도 불구하고, 쓸데없이 이규동과의 친분을 강조하고 다닌 것이 화근이 돼서 국세청의 표적 세무조사가 실시되고, 그 바람에 억울하게 도산하기도 했다. 청와대 지시에 따른 것이었다. 정작 친인척의 오지랖에 대해서는 한 마디도 못 하면서 엉뚱하게 멀쩡한 기업만 때려잡은 꼴이었다.

친인척 비리에 그나마 제동을 걸었던 인물을 굳이 꼽자면 정무수석 허화평이었다. 그는 정무수석이라는 직함 이전에 전두환을 도와 12·12를 도모했던 신군부의 중심인물로서 쓴소리를 마다하지 않았다. 영부인 이순자가 새세대육성회를 결성하려는 데 대해서도 어렵사리 반대했다. 그의 회고를 인용한다.

박 대통령 시대에도 딸 근혜 씨가 새마음봉사단 활동을 하다가 잡음을 일으키지 않았습니까. 최고권력자의 가족이 움직이면 사람들이 그 밑에 몰리게 되어 있습니다. 부작용이 생겨나기 마련입니다. 그래서 담당 수석을 통해 반대했던 것입니다.

이런 허화평에 대해 이순자는 직접 대놓고 불쾌감을 표시했다.

나도 체면이 있어요. 의욕을 가지고 일을 하려고 하는 것인데, 그런 말이 나오니 당황스럽습니다.

그것만이 아니었다. 이철희·장영자 사건에 대해서 대통령으로서는 언론의 입을 틀어막아서라도 덮고 적당히 넘어가려는 입장이었으나, 허화평은 친인척 비리 척결 차원에서 정면 대응을 주장했었다. 검찰이 처삼촌 이규광을 구속한 배후에는 허화평이 있었다. 이런 미운털이 쌓여서 그는 청와대에서 쫓겨 나간다. 소신을 굽히지 않은 대가는 권부로부터의 퇴출이었다.

친인척 비리 문제에만 좀 더 엄격히 했더라도 전두환에 대한 평가는 사뭇 달랐을 것이다.

유효기간이 끝난 줄도 모르고…

전두환은 권좌에서 물러나는 순간까지도 경제 우선주의를 고수했다. 한국경제의 나아갈 길을 자신의 손으로 구축하는 데 성공했다고 자부했다. 따라서 누가 집권해서 차기 정부를 끌어가더라도 기존의 경제정책 기조에는 조금도 흔들림이 없어야 한다고 확신했다. 1987년 5월에 단행한 경제팀에 대한 마지막 개각이 그런 의중을 반영한 것이다. 정인용 재무장관을 경제부총리에, 사공일 경제수석을 재무장관에, 박영철 KDI 원장을 경제수석에, 그리고 안무혁 국세청장을 안기부장에 앉혔다.

그해 12월 청와대에서는 '5공 경제치적 평가회의'가 열렸다. 정인용 경제부총리를 비롯한 경제장관들이 모두 참석한 가운데 대통령에게 그동안 이룩한 경제 치적을 총정리해서 보고하는 자축의 자리였다.

"획기적 물가 안정을 이룩하고 국제수지 흑자 기조를 정착시켰으며, 1인당 GNP를 3천 달러 수준으로 끌어올렸고…"

97명의 유공자에 대한 표창식 등 전두환 정권을 마감하는 그럴듯한 잔치였다. 정치적으로야 코너에 몰려 곤혹을 치르고 있었지만, 그래도 경제 분야에서만큼은 누가 뭐라고 해도 괄목할 만한 업적을 쌓지 않았느냐는 점을 스스로 확인하는 자리이기도 했다.

하지만 이 같은 자축과 자찬은 밖에서 벌어지고 있는 격랑의 혼란과는 너무도 동떨어진 것이었다. 소위 6·29 선언 이후 단숨에 세상이 바뀌고 있음을 몰랐다. 전국적으로 확산되어 간 노사분규는 과거의 기준으로는 상상도 할 수 없을 정도로 격화되어 갔고, 모든 것에 우선되었던 경제 논리는 하루아침에 정치 논리 앞에 쭈그러져 버리는 상황으로 바뀌었다. 서슬 퍼렇던 공권력도, 굳건하던 안정화의 명분도 전혀 맥을 추지 못했다. 한마디로 어느 날 갑자기 '전두환'이 없어져 버린 것이다. 모든 정책들은 공중분해되었다. 무정부 상태가 이런 것인가 싶기도 했다.

관료들은 입을 다물었다. 정권의 향방과 정치권력의 기본 구도에 대변혁이 일어나고 있는 판에 산업정책이 어떠니, 유동성 규제가 어떠니 하는 따위의 논의는 아예 씨도 먹히지 않았다. 심지어 매년 12월이면 발표하던 이듬해 경제운용계획조차 1987년에는 만들지 못했다.

"세상이 어떻게 바뀔지를 알아야 계획도 짤 것 아닌가."

'민주화' 바람이 본격적으로 불어닥쳤다. 관료들 사이에도 '경제 민주화'라는 말이 공공연히 나돌았다. 한국은행 총재 박성상은 국회 답변에서 "중앙은행의 독립성이 보장되지 않으면 통화 신용정책이 정치적으로 이용당할 가능성이 높다"는 발언을 서슴지 않았다. 그전 같으면 재무부 눈치 보느라 엄두도 내지 못했을 발언이었다. 심지어 재계까지도 달라진 목소리를 냈다. 경제단체장들이 공동성명을 통해 '정부간섭 축소'를 요구하고 나섰다. 역시 그전 같으면 꿈도 꾸지 못했을 이야기들이다.

'전두환 경제'는 엄밀히 따져서 6·29 선언으로 유효기간이 끝났다. 정권이 바뀌어도 자신의 경제정책 기조는 그대로 이어질 것이라는 순진한 기대는 간단히 허물어졌다. 오히려 선거를 맞아 대통령 스스로 자신이 고수해 왔던 바와는 정반대 방향으로 정책을 지시해야 하는 상황에 직면했다.

대통령 선거전이 치열해짐에 따라 정부와 여당의 대립이 갈수록 잦아졌다. 노태우 체제로 전환시킨 민정당은 표를 모을 수 있는 방안을 주로 경제정책에서 찾으려 했고, 정부는 어떻게 해서든 선거판에 휘말리지 않으려고 안간힘을 썼다.

경제수석이 가장 난처한 입장에 빠졌다. 사공일의 후임으로 전두환 정권의 막판에 대통령을 보좌하게 된 박영철은 고려대 교수 출신으로 KDI 원장을 역임한 순수 학자 출신이었으므로, 정치 현실과는 거리가 멀었던 인물이었다. 특히 득표를 목적으로 하는 선거용 경제정책들이 그의 생리에 맞을 턱이 없었다. 당정회의 때마다 당의 요구에 맞서는 반대 입장을 펼 수밖에 없었다. 이런 설전도 있었다.

"선거에 지면 경제수석이 책임질 거요? 말끝마다 인플레, 인플레 하는데, 설령 인플레가 300%면 어떻소? 선거에 이기고 나서 30%로 잡으면 될 것 아니요. 선거에 지면 경제수석 당신도 모가지란 말이야."

"인플레가 300%가 되면 의원님이나 내 모가지가 날아가는 게 문제가 아니라, 나라 전체가 날아간다는 것을 왜 모릅니까?"

하지만 역부족이었다. 선거를 치러야 하는 정권 말기의 경제수석이라니, 참으로 죽을 맛이었다.

대통령 전두환은 당시 어떤 심경이었을까?

사실 선거전 초반에만 해도 전두환은 초연한 입장을 취했다. 당에서 건의해 오는 무리한 선심성 정책이나 예산 배정에 대해 경제수석이나 장관들이 반대하는 경우 당의 건의를 물리치고 경제 참모들의 의견을 따랐다. 선거에 이기는 것도 중요하지만 자신이 쌓아 올린 경제 업적에 흠집 나는 것을 경계했다.

그러나 시간이 갈수록 무너져 갔다. 한 측근은 이렇게 회고했다.

아침 생각이 달랐고 저녁 생각이 달랐다. 아침에는 어떤 일이 있더라도 경제의 안정 기조를 깨는 일은 않겠다고 분명히 다짐해 놓고서, 민정당 사람들과 선거 상황을 논의하고 난 저

녁에는 역시 어쩔 수 없다는 쪽으로 돌아서기가 일쑤였다.

선거가 임박할수록 경제정책의 결정은 당이 노골적으로 주도해 나갔다. 지금도 진행형인 새만금간척사업이 처음 거론된 것이 바로 이때였다. 당시 농림수산부 쪽에서 쌀 증산을 위한 간척지 확대 차원에서 계획이 만들어졌으나 경제기획원 예산실에서 제동이 걸렸다. 쌀이 남아도는 마당에 간척지 개간은 부적절하며, 더구나 소요 예산이 3조 4천억 원(당시 추정)이나 들어 검토조차 할 필요가 없다는 결론이 났다. 이렇게 죽었던 새만금사업이 선거철을 맞아 되살아났고, 급기야 당의 강력한 건의로 청와대로 직접 올라갔다. 그러나 대통령은 경제기획원의 부정적 검토에 손을 들어 줘서 다시 죽었다. 그런데 이번에는 야당 후보 김대중 쪽에서 지역 발전을 내세워 새만금을 들고 나왔다. 호남에서 한 표가 아쉬운 마당에 여당의 노태우 입장에서 가만있을 수 없었다. 노태우가 직접 청와대에 들어가 대통령에게 특청을 넣었다. 전두환도 어쩔 수 없었다.

이렇게 해서 두 번 죽었던 새만금이 또다시 살아나게 된다. 당시 경제기획원 예산실로서는 새만금을 포기시키는 대신 서해안 고속도로 건설을 앞당겨 주기로 하고 일단락 지은 것으로 여겼었는데, 결과적으로 두 사업 모두 할 수밖에 없게 된 것이다.

결국 새만금사업은 1991년 시작돼서, 세계에서 가장 길다는 제방을 쌓는 데만 19년이 걸려 2010년에 준공하게 된다.

'전두환 경제'의 회고와 정리

제5공화국의 경제를 움직여 온 주인공은 역시 대통령 전두환이었다. 처음에는 오로지 힘에 의존해서 경제를 끌고 나갔으나 시간이 지나면서 빠른 속도로 이론과 실제를 동시에 익혀 나갔으며, 나름대로 한국경제에 관한 최고의 전문가임을 자처했다.

전두환이 주도한 경제정책 하나하나에 대한 비판은 얼마든지 가능하다. 그러나 부인할 수 없는 것은 그가 대통령 재임 기간에 구렁텅이에 빠져들었던 한국경제를 성공적으로 구출해 냈을뿐더러, 그것도 성장·물가·국제수지 등 이른바 세 마리 토끼를 한꺼번에 잡았다는 사실이다.

대통령으로서 전두환을 지성적이거나 덕망이 높은 타입의 지도자였다고 말할 사람은 드물 것이다. 그는 전형적인 무인이었다. 그런 그가 몰입했던 경제 공부는 평생 겪어 보지 못했던 맹렬 학습이었다. 그처럼 학자를 가까이했던 대통령도 없었다는 점도 주목거리다. 자신의 부족한 면을 보완하기 위해서였다. 가정교사였던 박봉환과 김재익을 비롯해 사공일·김만제·김기환·박영철 등이 모두 경제통들로서 정책 결정의 핵심으로 중용되었고, 경제수석실의 측근에도 홍철·이석채·홍성원 등 내공이 상당한 인물들을 포진시켰다. 그는 수시로 학자들로부터 필요한 이론적 근거를 배웠고, 또한 이것들을 즉각 경제정책으로 소화하는 일에 전심전력했다.

1980년 집권부터 '83년 언저리까지는 집중적인 학습기, 또는 배운 것을 실천에 옮겨 보는 실습기였다고 할 수 있다. 이 시기의 정책 선택은 비교적 단순했다. 본인이 잘 모르기도 했거니와 대부분 김재익이 짜 놓은 교안을 실천에 옮기는 데 여념이 없었다. 목표는 물가 안정이었고, 수단은 긴축이었다. 계속되는 불황 속에도 전두환은 긴축의 고삐를 결코 놓지 않았다. 여당을 비롯해 정치권의 상당한 불만에도 전혀 굽힘 없이 물가 안정을 최우선 과제로 강조하면서 긴축 기조를 고집했다. 언론은 당시의 대통령의 결심이 얼마 가지 않아 유야무야될 것이라는 분석이 지배적이었다. 그러나 전두환은 이러한 예측을 깡그리 뒤엎었다. 도리어 한 술 더 떠서 설마하던 예산 동결을 해 보임으로써 주마가편의 강공책을 펴 나갔다.

이 같은 초지일관은 시간이 흐를수록 전두환이 정치적으로 내세울 수 있는 으뜸가는 자랑거리였다. 정치권에서 자신의 경제정책에 시비를 걸어 올 때마다 거침없이 맞받아쳤다. 단순한 대응에 그치지 않고 강의를 곁들여 가며 정치인들의 경제에 대한 무지를 꾸짖었다. 그는 자신이 옳다고 생각하면 웬만한 반대는 거침없이 돌파해 나갔는데, 이런 성향은 집권 초기의 어려운 경제 상황 속에서도 비인기 정책을 일관되게 끌고 나가는 데 빼놓을 수 없는 리더십을 만들어 냈다. 물론 이 같은 강력한 리더십은 왕정 못지않은 권위주의 정치하에서 발휘되었다는 점을 감안해야 할 것이다.

물가 안정의 성공은 전두환에게 더욱 확고한 자신감을 안겨다 준다.

'물가가 마이너스 행진을 계속하다니 —'

그가 스스로 생각해 봐도 대견스런 일이었다. 한국 역사상 누구도 엄두를 내지 못했던 위대한 업적을 자신이 이룩해 낸 것 아닌가. 그것도 대부분의 직업 관료나 경제학자들이 지나친 과욕이라며 시큰둥해 했던 물가 안정 목표를 거뜬히 초과달성해 보였으니 말이다.

이렇게 되기까지 그로서도 수많은 번민을 겪었을 것이다. 아무리 정치적 탄압을 통해 일체의 비판을 봉쇄했다 해도 정책 선택에 따른 결과까지 어쩔 순 없는 노릇이었다. 안정화 정책이 뜻대로 진행되었다 해도 그 과정에서 끊임없이 금융사고, 비리 사건들이 터져 나올 때마다 겪어야 했던 정치적 부담 또한 매우 짐스러운 것이었다.

비단 정치적 고충만이 아니었다. 물가 안정에는 성공했으나 경기가 줄곧 침체를 면치 못하는 바람에 깊은 회의에 빠지기도 했다. 1983년에 들어오면서 부쩍 심해졌다. 더구나 철석같이 신임해 왔던 김재익을 아웅산 사건으로 잃고 나자 고민은 더욱 깊어졌다. 국제수지는 개선될 조짐을 조금도 보이지 않는 가운데 외채 망국론이 횡행하고 경기는 도무지 고개를 들 줄 몰랐다.

그러나 김재익의 후임에 사공일을 앉힌 것은 성공적인 선택이었다. 무엇보다 두 사람 모두 국제적인 안목과 네트워크를 바탕으로 비전을 제시하면서 경제 현안들을 풀어 나갔다. 대통령도 이 점을 높이 샀다. 전두환은 사람 보는 눈도 있었지만 인복도 있었다.

사공일이 대통령의 신임을 획득하는 것은 시간문제였다. 오히려 대통령과의 소통이나 마찰 없이 정책을 펼쳐 나가는 솜씨는 전임자보다 고수였다. 대인관계도 원만하게 풀어 나갔다. 후반기 경제정책은 전적으로 사공일을 중심으로 꾸려 나갔다.

1985년 하반기를 기점으로 경제가 드디어 일어나기 시작한다. 그동안 다져 온 물가 안정 기반을 토대로 꾸준히 추진해 온 투자 촉진책이 시차를 두고 효력을 나타내기 시작하는 가운데, 때맞춰 찾아온 3저 시대가 어우러지면서 한국경제는 그야말로 단군 이래 최고의 호황 국면으로 접어들게 된다. 집권 이후 경제를 최우선으로 해 온 전두환으로서는 이보다 더 큰 다행이 없었다. 운도

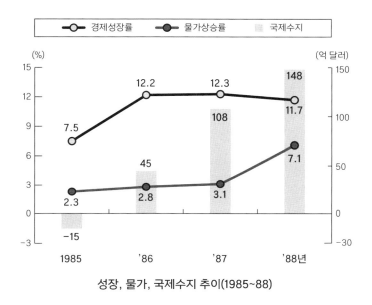

성장, 물가, 국제수지 추이(1985~88)

따랐던 셈이다.

경제정책이 잘되어서든 해외 여건이 좋아져서이든 간에, 그
토록 어려웠던 한국경제가 극적으로 반전되었으니 이를 주도
한 대통령의 리더십은 마땅히 평가받을 만한 일이었다. 실제로
1986~87년 집권 후반기 경제는 더 바랄 것이 없었다. 지긋지긋하
던 외채 망국론은 언젠가부터 소리 없이 사라졌다. 1985년 기준으
로 467억 달러(GNP의 56%)에 달했던 총외채가 3년 사이에 311억
달러(GNP의 20%)로 떨어졌다. 경제 관료들조차 눈앞에서 벌어지는
흑자경제를 어떻게 주체해 나가야 할지 모를 지경이었다.

경제 운영에서 암적 존재로 속을 썩여 온 부실기업 정리 문제도 시작할 때는 눈앞이 깜깜했지만, 3저 호황의 도래로 한결 수월하게 마무리 지을 수 있었다. 이런 흐름 속에서 적자를 우려했던 서울 올림픽까지 거뜬히 흑자로 치러 냈다. 올림픽은 전두환 정권이 이룩해 온 한국경제 발전상을 세계인을 한자리에 모아 놓고 과시하는 자리 같았다. 정치 쪽을 접어두고 경제적 측면에서만 본다면 전두환 경제는 전반에는 고생과 인내로써 기반을 다졌고, 후반에는 드디어 꽃을 피우고 결실을 거두어 들였던 셈이다.

과연 잘하기만 한 것일까? 그렇지 않다. 경제를 좋게 만드는 데까지는 성공이었다면, 성공에 취한 나머지 좋아진 경제 속에서 마땅히 해야 할 변화를 시도하는 일에 소홀했다. 흑자경제를 그토록 갈망해 왔으나 막상 흑자경제 속에서 초래되는 문제에 대해서는 대처가 미흡했다. 자동차 판매량이 연간 50%씩 증가하는 가운데 드디어 마이카 시대로 진입한 것을 좋아하기만 했지, 하루가 다르게 막히는 길 문제를 풀어 가는 대비는 생각하지 못했다. 정책 결정 과정의 경직성과 부작용들이 후반기 들어 드러나기 시작했다. 집권 내내 지배했던 "긴축은 선"이라는 고정관념에서 벗어나기 어려웠고, 눈앞에 닥친 사회간접자본의 심각한 부족 현상, 이를테면 교통망 확장 문제에 대한 예산을 과감하게 늘려 나가는 것에는 계획도 생각도 없었던 것이다.

노태우 정권에서 중대형주택을 중심으로 일어난 부동산 투기

현상도 전두환 정권의 잘못이 시차를 두고 나타난 부작용이었다. 오랜 긴축 기조 속에서 정부가 소형주택 위주로만 집을 지었지, 중대형 아파트의 신규 공급은 거의 없었다. 경제가 좋아져서 소득이 올랐고, 따라서 큰 집으로 이사하려는 수요가 폭발하는데도 막상 큰 집이 부족하니까 다락같이 집값이 폭등한 것이다(그리하여 정권이 바뀐 다음 분당·일산에 중대형 아파트 위주의 신도시를 건설하게 된다).

　가장 큰 착각과 심각한 오류는 노동문제였다. 그동안의 철권정치 속에서 억눌릴 대로 억눌린 노동문제가 1985년 언저리부터 심각한 양상을 띠기 시작했는데도 이를 간과했다. 오랜 불황이 계속되는 동안 꾹꾹 참아 왔던 노동문제들이 급속한 경기 호전을 맞아 용수철처럼 튀어 오르고 있는데도 정부는 제도 개선은커녕 종래의 강경 일변도 진압 정책만을 고수했던 것이다.

　사실 노동문제는 집권 기간 내내 정권 유지 차원의 문제였다. 전두환의 최측근 이학봉은 이렇게 회고했다.

　　대통령을 비롯한 정권의 핵심 인물들은 당장 망해 가는 경제를 살리고 물가를 안정시키면 그걸로 우리가 할 일을 다 하는 것이라고 생각했다. 노동문제나 복지정책 같은 것은 다음 정권이 알아서 할 일이고. 우리는 잘 알지도 못했고, 관심 가질 겨를도 없었다.

전두환 정권이 노동문제에 대해 어떤 인식을 갖고 있었는지를 말해 주는 적절한 설명이다. 탄압 일변도의 노동정책이 계속될 경우에 이것이 장차 어떻게 한국경제의 발목을 잡게 될지에 대해서는 전혀 상상도 못 하고 있었다. 초기 단계의 오류를 정권이 끝날 때가지도 그것이 오류인 줄 몰랐던 셈이다.

결국 전두환의 경제학은 물가 안정과 흑자경제를 스스로 이뤄냈으나, 적시에 변화를 도모하는 노력에는 소홀하고 경직되어 있었다. 난관에 빠진 어려운 경제를 구출하는 데 성공했기에 자신이 만든 성공의 공식을 수정하는 일이 더 어려웠을 것이다. 특히 경제정책에 관한 한 대통령의 권위에는 어느 누구의 도전이나 비판도 용납되지 않았다. 그는 자신이 택한 정책들이 한국경제에서 최선의 답안이라고 확신했다. 그러한 확신이 정신없이 진행되고 있는 변화의 물결을 외면하게 만들었을 것이다. '성공의 저주'라고 해야 할 것인가.

정치를 제압했던 전두환 경제가 정권 교체가 걸린 선거 앞에서는 정치에 속절없이 제압당한다. 1987년 6·29 선언을 기점으로 민주화의 회오리 속에 그처럼 탄탄해 보이던 전두환 경제는 정치체제의 붕괴와 함께 삽시간에 무너져 내렸다. 목숨을 건 선거전에 돌입하면서부터 정책의 수레바퀴는 완전히 거꾸로 돌기 시작했다. 물가 안정이고 뭐고 우선 선거부터 이겨야 했기에 표를 모을 수 있는 정책이면 물불을 가리지 않았다. 집권 시작부터 정치를 틀어막고 경제에만 몰두해서 이룩한 업적들이 민주화의 격랑과 정치적 승부 앞에서 더 이상 어찌하지 못하고 스스로 허물어져 갔다.

대통령에서 퇴임하는 전두환의 마지막 착각은, 다음 정권에 가서도 전두환 경제가 계승되어 나갈 것으로 기대하면서 퇴임 후에도 자신의 영향력이 지속될 수 있을 것으로 여겼다는 점이다. 물의를 빚어 가며 대통령 경호실이 나서서 일해재단을 확충하는가 하면, 정부조직법을 고쳐 가면서까지 국가원로자문회의를 설치하려고 하는 등의 무리수를 둔 것이 단적인 증거다. 정책의 계승은커녕 퇴임 직후 친구인 후임 대통령에 의해 유배당할 운명인 줄 상상이나 했겠는가.

전두환 경제의 키워드는 역시 물가정책이었다. 여러 실정과 과오에도 불구하고 물가 안정 기반을 구축한 것은 누구도 깎아내릴 수 없는 공이다. 세계 역사에 인플레 제압에 성공하지 못한 선진국은 없기 때문이다. 민주화도 물가 안정 덕분에 가능했다.

최근 한국의 지도자들에게 물가 안정은 전혀 화두가 아니다. 물가 안정은커녕 너도 나도 돈 풀기 경쟁으로 물가를 치솟게 하는 포퓰리즘 정책들이 횡행하는 게 작금의 현실이다. 미련스럽게도 물가 안정에 올인했던 전두환 경제를 다시 생각하는 이유다.

제5공화국 주요 경제사건 일지

(1979년 10월 26일~1988년 2월 25일)

1979년

10. 26	박정희 대통령 시해(10·26 사태)
10. 27	긴급경제장관회의(쌀·무연탄 무제한 공급 결정)
10. 29	25개 생필품 책임공급제 실시
12. 6	제10대 최규하 대통령 선출(통일주체국민회의)
12. 10	신현확 국무총리 임명
12. 12	정승화 계엄사령관 연행(12·12 사태)
12. 14	개각, 이한빈 부총리 겸 경제기획원장관 임명
12. 20	김재규·김계원 등에 사형 선고

1980년

1. 12	환율 및 금리 대폭 인상
1. 29	유가 59.4% 인상
2. 27	환율 제도를 복수통화바스켓 제도로 변경
4. 14	전두환 보안사령관, 중앙정보부장서리 겸임
4. 21	사북사태 발생, 유혈폭동

5. 17	비상계엄을 전국으로 확대
5. 18	광주에서 시민 및 학생 시위(광주민주화운동)
5. 31	국가보위비상대책위원회 신설(상임위원장 전두환)
6. 26	동명목재 부도
8. 16	최규하 대통령 하야
8. 20	중화학공업 투자 조정, 자동차 및 발전 설비 일원화
8. 27	전두환 대통령 선출(통일주체국민회의)
9. 1	제11대 전두환 대통령 취임, 제5공화국 출범
9. 2	개각, 남덕우 국무총리, 신병현 부총리 겸 경제기획원장관 임명
9. 16	경기 부양 대책 발표, 양도세 및 금리 인하
9. 23	주택 500만 호 건설 계획 발표
9. 25	외국인 투자 제한 폐지
9. 27	기업 보유 비업무용 부동산 강제 매각 조치
10. 27	제2차 중화학공업 투자 조정
11. 18	화신그룹 부도
12. 1	컬러 TV 방영 시작
12. 31	공정거래법 제정 공포

1981년

1. 7	대흉작으로 쌀 933만 섬 도입 계약
1. 15	민주정의당 창당(총재 전두환)
1. 24	1년 3개월 만에 계엄령 해제
1. 27	신승기업 부실로 제일은행에 한은 특융
2. 16	정주영 전경련 회장 유임
3. 12	건설부, 주택 건설 목표 146만 호(1982~86년)로 축소 조정
3. 13	노동청을 노동부로 승격
3. 26	제11대 국회의원 총선거

4. 27	한일은행 민영화
5. 7	공정거래위원회 발족
6. 4	단자회사 CP 금리 실세화
6. 26	양도세 인하 등 주택 경기 활성화 대책
7. 21	제5차 경제개발 5개년계획 확정 발표
9. 30	바덴바덴 IOC 총회에서 '88 서울 올림픽 개최 확정
12. 2	노동부, "임금 인상은 생산성을 기준으로"
12. 3	쌀 통계 현실화
12. 19	수출 200억 달러 돌파

1982년

1. 4	개각, 유창순 국무총리, 김준성 부총리 겸 경제기획원장관 임명
1. 14	금리 인하 등 경기 부양 대책 발표
3. 26	국제 유가 20% 하락
3. 29	금리 추가 인하
3. 30	공무원 봉급 동결
5. 7	이철희·장영자, 어음 사기 사건으로 구속
5. 11	공영토건·일신제강 부도
5. 18	이규광(대통령 처삼촌) 구속
6. 4	김상기 조흥은행 차장 86억 원 예금 유용 사건
6. 23	무기명에 차등 과세 등 세제 개편안 발표
6. 25	개각, 강경식 재무부장관 임명
6. 28	금리 4%포인트 인하, 법인세율 20%로 인하
7. 3	금융실명제 실시 계획 전격 발표
7. 7	아파트 재당첨 금지 철폐
7. 13	민정당, 금융실명제 실시 연기 요구
9. 29	제일은행 등 민영화 본격 추진

| 10. 8 | 금성사, 미국서 단독 투자 생산공장 설립 |
| 12. 31 | 금융실명제 실시 무산(법만 제정하고 실시는 무기연기) |

1983년

1. 1	50세 이상 해외여행 허용
1. 11	한일 경제협력차관 40억 달러 합의
2. 6	유가 인하
2. 16	부동산 투기 억제 대책 발표
2. 19	복합영농 추진 225개 단지 조성키로
3. 16	첫 합작은행 한미은행 오픈
4. 11	목동 대규모 주택단지 개발
4. 18	양도소득세 강화
4. 24	삼보증권·동양증권 합병
5. 23	도별 농공단지 조성키로
5. 24	아파트 분양 채권입찰제 실시
6. 30	여천 LNG 기지 완공
7. 6	개각, 서석준 부총리 겸 경제기획원장관 임명
7. 27	'84년 예산 동결 계획 발표
8. 1	국세청, 명성 세무조사 중간발표
8. 3	삼성, 반도체 64KD램 개발
8. 17	김철호 명성 회장, 김동겸 상업은행 대리 구속
9. 26	영동진흥개발 사건 발표
10. 9	아웅산 사건, 서석준·김재익 등 고위 공직자 17명 사망
10. 14	개각, 진의종 국무총리, 신병현 부총리, 사공일 청와대 경제수석 임명
11. 4	광명그룹 도산
11. 7	동아건설, 33억 달러 리비아 대수로 공사 수주

1984년

1. 20   전두환 대통령, 부동산 투기 근절 대책 마련 지시

2. 18   이란·이라크 전쟁으로 한국인 근로자 철수

2. 20   새세대심장재단 발족(이사장 이순자)

3. 10   서산방조제 축조공사 준공

5. 14   63개 부실 해운회사를 17개로 통폐합

6. 25   향락산업 대책 수립

7. 3   투자이민 30만 달러까지 혀용

7. 19   대우, 경남기업 위탁경영

7. 20   금융단 협정 일괄 폐지

9. 7   미 상무부, 한국산 TV 덤핑 마진율 52.5% 로 판정

11. 12   완매채 규제

11. 15   남북 경제회담 판문점에서 개최

11. 26   토지거래허가제 최초 발동

1985년

2. 2   제12대 국회의원 총선거

2. 18   국제그룹 해체

3. 27   부품 국산화 정책 강화

4. 16   대우자동차 부평공장 파업

5. 17   중부고속도로 착공

5. 20   양도소득세를 누진제로 개편

5. 31   서울 가락동농수산물도매시장 개장

6. 24   대우어패럴 노동자 300여 명 농성 돌입, 노조 탄압 중지 요구

9. 20   남북한 고향방문단, 서울·평양 교환 방문

10. 12   최초의 시험관 아기 탄생

11. 12   국내 기업 해외 증권 발행 허용

1986년

1. 7	개각, 부총리 김만제, 재무부장관 정인용 임명
1. 8	공업발전법 제정
1. 20	현대 '엑셀' 미국 수출
2. 5	국제 유가 15달러 선으로 폭락
2. 20	국내 유가 11.2% 인하
3. 20	국내 유가 10% 인하
4. 1	주가 폭등
4. 16	한국은행, 4개 시중은행에 대해 3,600억 원 특융 실시
4. 30	올림픽공원(50만 평) 완공
5. 11	재무부, 부실기업 정리 개시
5. 12	중소기업창업지원법 제정
7. 8	상반기 경상수지 6억 달러 흑자 기록
7. 21	한미 통상협상 타결
8. 1	미국, 원화 가치 절상 요구
8. 20	원전 7호기(영광) 상업운전 개시
9. 1	의료보험 확대 실시. 수입 양담배 판매 시작
9. 3	'87년부터 상호출자 금지키로
9. 8	삼성반도체, 256KD램 개발
9. 10	한강종합개발사업 준공
9. 11	호남고속도로 4차로 개통
12. 24	현대 엑셀, 미국 시장에서 베스트 10 선정
12. 30	최저임금법 제정

1987년

1. 17	박종철 고문치사 사건
2. 12	구자경 럭키금성 회장, 전경련 회장 피선

2. 25	미 베이커 재무부장관, 원화 절상 요구
3. 16	농어촌 부채 탕감 대책
4. 1	전매청을 한국전매공사로 개편
4. 4	5차에 걸친 57개 부실기업 정리 완료
4. 17	범양 박건석 회장 자살
4. 20	국제수지 흑자 관리 대책
5. 26	개각, 정인용 부총리, 사공일 재무부장관, 박영철 청와대 경제 수석 임명
5. 30	승용차 등 150개 품목 수입 자유화
6. 10	IMF, 원화 절상 및 시장 개방 가속화 요구
6. 29	노태우 민정당 대표, 대통령 직선제 개헌 약속(6·29 선언)
7. 10	전두환 대통령, 민정당 총재직 사퇴
7. 11	외환거래 자유화 방안 발표
7. 15	IMF 한국 주재관 철수
7. 21	경제 5단체장, 정부 간섭 축소 촉구
8. 6	현대자동차 휴업 및 현대중공업 노사분규 심화
8. 10	금융노조, 한은 독립 촉구
9. 3	현대 근로자, 울산시청 방화
9. 11	국내 보험사 전면 개방키로
10. 15	유가 10.2% 인하
12. 3	중부고속도로 개통
12. 16	제13대 대통령 선거, 노태우 당선

1988년

1. 1	국민연금제 시행
2. 12	금호그룹에 제2민항 인가(아시아나항공)
2. 25	제13대 노태우 대통령 취임

그런 선거는 져도 좋다

전두환의 공功을 논함

초판 1쇄 발행   2022년 2월 25일

지은이   이장규
펴낸이   안병훈
펴낸곳   도서출판 기파랑
등   록   2004. 12. 27 제300-2004-204호
주   소   서울시 종로구 대학로8가길 56 동숭빌딩 301호   우편번호 03086
전   화   02-763-8996(편집부) 02-3288-0077(영업마케팅부)
팩   스   02-763-8936
이메일   info@guiparang.com
홈페이지   www.guiparang.com

ISBN 978-89-6523-573-6   03300